KB062505

만 년 동 안
살았던 아이

一万年生きた子ども：統合失調症の母をもって

Ichimannen Ikita Kodomo: Togoshicchosho no Haha wo motte
Copyright ©2021 Nagano Haru All rights reserved.
Original Japanese edition published by Gendai Shokan.
Korean translation copyright ©2023 Little Mountain publishing Co.
This Korean Language edition is published by arrangement with Gendai Shokan
in care of FORTUNA Co., Ltd., Tokyo through AMO Agency, Korea.

만 년 동 안
살았던 아이

조현병 엄마와 함께

나가노 하루 지음 | 조지혜 옮김

낮은산

차례

2부 평생 만 년을 살았던 아이

타인을 돌보던 사람에서
자기를 돌보는 사람으로

한 아이가 자신을 압도하고도 남을 현실 속에서 살아남았다. 조현병이 있는 엄마의 우울과 망상, 사회적 차별과 고립 속에서 아이는 보호자 역할을 해내야 했다. 늘 최악을 상정하며 긴장 상태로 일상을 보냈고, 누가 차별할 사람인지 알 수 없으니 공동체 전체를 '적'으로 느끼며 지냈다. 불과 여덟 살 때부터였다. 온전히 돌봄받아야 할 시기에 구멍 난 돌봄은 그 자체로 폭력이 되어 버렸다.

아이는 이 압도적인 현실에 휩쓸리지 않기 위해 신화적인 비유를 붙든다. 스스로를 '만 년'이라는 시간을 살아온 '황금의 몸'을 지닌 신적인 존재로 여긴 것이다. 그 정도의 '전능함'이라도 쥐고 있어야 '미친' 엄마의 세계를 조금이라도 이해하며, 엄마의 세계와 현실 세계의 틈을 메우며 살아갈 수 있었으리라.

현실을 견디기 위해 아이러니하게도 비현실적인 존재가 되어야 했지만, 결국 누군가의 돌봄이 필요했던 현실 속 아이였다. "어린 시절을 어린아이로 살지 못하고 누구보다도 어른으로 산다는 건, 바꿔 말하면 영원히 아이라는 의미"라는 저자 나가노 하루의 말이 중요한 건 그 때문이다. 유년기에 돌봄을 박탈당할 때 우리는 영원히 유년을 빠져나오지 못하게 될지도 모른다.

『만 년 동안 살았던 아이』는 유년기에 천진한 어린아이일 수 없었던 한 사람이 '전능함'에 기대어 살아남은 생존법에 관한 이야기이자, 생존 이후 후유증을 마주하며 '취약함'을 끌어안는 자기 돌봄의 기록이다. 이 책을 읽는 내내 구체적인 얼굴들이 떠올랐다. 아픈 가족을 돌보는 청(소)년들을 만나는 활동을 하면서 만난 조현병 부모를 둔 자녀들이었다.

그들의 이야기에는 공통점이 있었다. 부모의 조현병 증상이 동네 사람들에게 들킬까 봐 쉬쉬해야 했던 기억, 이해할 수 없는 부모의 폭력을 겪었지만 그럼에도 곁에서 그들을 챙겨야 했던 기억, 어릴 적부터 당연하게 겪었던 혼란이었기에 누구에게 도움을 요청해야 할지도 몰랐던 기억. 무엇보다 사람들의 멀뚱한 시선, 차별적인 시선을 견디기가 힘들었다는 말들.

심각한 상황이 늘 반복됐지만 이 상황을 해소해줄 사회적 지원도 없었다. 사회를 신뢰하기보다 자신을 신뢰하는 편이 더 나은 선택처럼 보였다. 저자가 말하는 '만 년'과 '황금의 몸'이라는 비유는 결국 자신을 신뢰하기 위해 필요한 것이지 않았을까. 내가 만난 누군가는 자신이 '슈퍼스타'가 될 운명이라고 여기며 버텼다고 했고, 누군가는 자신이 '특별한 아이'이기 때문에 겪는 것이라고 생각하며 견뎠다고 했다.

각자 알아서 살아남은 삶은 많은 후유증을 남겼다. 아파도 아프다고 말할 줄 몰랐고, 누군가에게 기대고 싶어도 기댈 줄 몰랐다.

스무 살이 된 때부터 아버지를 돌보기 시작한 나

또한 그랬다. 내가 무너지면 다 무너진다고, 내가 더 강인해져야 한다고 스스로에게 불어넣던 주문이 아무에게도 의존하지 못하는 '나'를 만들어 냈다. 타인을 돌보는 일에서 자기를 돌보는 일로 돌아오는 길은 멀고도 험난했다. 누군가의 취약함에 반응하기 위해 밀쳐 두었던 나의 취약함에 반응해야 하는 시간은 필연적으로 찾아왔고, 박탈당한 돌봄의 시간을 되찾기 위한 분투가 많은 영 케어러들에게 다양한 모습으로 나타났다. 우리가 만약 이 시간이 얼마나 혹독한지, 그리고 얼마나 고유한지를 안다면 '효자'나 '효녀'라는 칭찬이 얼마나 무신경한 폭력일 수 있는지, 또 영 케어러라는 용어조차 얼마나 납작한 호명인지 알게 될 것이다.

나는 이 책을 읽는 동안, 독서가 연대가 될 수 있는 방법을 고민했다. 어떻게 하면 모든 어린이가 안전하고 안락하게 자랄 수 있는 '성장권'을 보장할 수 있을까? 아픈 부모 밑에서도 온전한 삶을 살 수 있을까? 돌봄이 한 사람의 삶을 통째로 우그러뜨리는 압력이 되지 않기 위해서는 무엇이 필요할까?

조현병을 향한 차별과 당사자와 가족의 고립은 어떻게 벗어날 수 있을까? 이런 질문들은 사회의 몫을 단순히 구호가 아니라, 우리 모두가 가져야 할 권리와 책임으로서 세세하게 상상할 수 있게 한다. 한 개인의 현실 속 삶이 무겁다면 사회의 무게도 그만큼 무거워져야 한다. 그것이 독자로서, 시민으로서, 어른으로서 이 책의 무게를 함께 짊어지는 방법일 것이다.

– 조기현(『아빠의 아빠가 됐다』『새파란 돌봄』저자)

시작하며

'만 년 동안 살았던 아이'라는 제목에는 두 가지 의미가 담겨 있습니다.

우선, 어른 역할을 떠맡아야 했던 나이입니다. 나는 여덟 살에 지구상 누구보다 어른이 되었습니다. 조현병*이 있는 가족을 돌보는 역할은 어른이어도 그리 간단히 짊어질 수 있는 일이 아닙니다. 그래서 나는 일찌감치 어른이 될 필요성에 쫓기고 있었습니다.

---

*   1937년부터 일본에서 사용되었던 '정신분열증'이라는 병명을 한국에서도 오랫동안 공식 명칭으로 사용해 왔다. 그러나 질병에 대한 부정적인 인식과 환자에 대한 차별을 부른다는 이유로 일본에서는 2002년에 '통합실조증(統合失調症)'으로, 한국에서는 2011년 '조현병(調絃病)'으로 개정했다. 이 책에서는 한국의 공식 명칭인 '조현병'이라는 명칭을 사용했다.

두 번째는 시간 감각입니다. 처음으로 가혹한 체험을 했을 때의 내 의식은 마치 교통사고를 당하는 순간에 모든 것이 슬로모션으로 보이듯, 만 년으로 길게 늘어졌습니다. 어린 시절에 느끼던 시간의 축은 1초가 1년 같았습니다. 어린아이라서 세월을 어른보다 길게 느꼈던 게 아닙니다. 몸에 위험이 닥쳤을 때 옳은 선택을 할 수 있도록 생각할 시간이 온몸에 주어졌다는 말입니다. 나는 1초를 1년으로 살았고, 그래서 만 년 동안 살았던 아이가 되어 버렸습니다. 내 어린 시절은 언제나 비상사태였습니다. 엄마가 망상 상태에서 없어지곤 했으니까요. 나는 엄마의 안전을 염려하며 언제나 뒤쫓고 있었습니다.

'만 년 동안 살았던 아이'는 나 혼자가 아닙니다.

최근에는 나처럼 어린 시절에 부모나 다른 어른을 돌보는 역할을 짊어져야 하는 사람을 영 케어러 young carer라고 부르며 주목하고 있습니다. 그런 이름으로 주목받지 못했던 30년 전부터 나는 세상에 숨겨진 작은 집에서 조현병 엄마를 돌보고 있었습니다. 거기엔 이름이 없었습니다. 이름이 없는 것에 대해 말하기란 지극히 곤란합니다. 하지만 이름이 붙는다는 건 동시에 낙인이기에, 말하는 데 또 다른 어려움을 낳기도 하겠지요. 나는 이 책에서 스스로를 '영 케어러'라고 한 번도 부르지 않았습니다. 그 단어 특유의 이미지로는 내 체험을 정확히 전달하기 어렵기 때문입니다. 나는 다만 우직하게 당시에 일어났던 일을 있는 그대로 썼습니다.

지금 일본에서 정신질환자는 4백만 명을 넘어선다고 합니다. 조현병이 있는 사람은 백 명 중에 한 명이라고 하고요. 결코 보기 드문 병이 아닙니다. 이 체험이 정신장애가 있는 부모에게서 자란 사람들에게 닿는다면 좋겠습니다. 이 책의 내용은 그저 나 한 사람의 체험이지만, 정신장애를 향한 차별로 고통받는 모든 사람의 이야기이기도 합니다.

그리고 정신장애 부모를 돌보며 자란 아이들-만 년 동안 살았던 아이들-이 어른이 되어서도 생존을 지속한다는 점이 중요합니다. 평생 계속되는 문제입니다. '영 케어러'의 어린 시절에만 도움을 준다고 끝나지 않습니다. 너무 일찍 어린이다움을 버릴 수밖에 없었던 사람은 좀처럼 어른이 되지 못한 채 고통에 몸부림칩니다. 그런 사람에게 내 글이 양식이 되기를 바랍니다. 내가 만 년 동안 살았던 아이라는 취약점을 짊어진 채 어떻게 살아남았는지를 썼기 때문입니다. 생존하는 방식은 각자 다르겠지만, 하나의 예로 제시할 수는 있다고 생각합니다.

또한 어린 시절에 평탄하게 자란 사람도 이 책을 읽음으로써, 누군가는 왜 '만 년 동안 살았던 아이'가 되어야 했는지 이해하는 기회가 되길 바랍니다.

나의 바람은 단 한 가지입니다. 정신장애인을 향한 차별을 멈추는 것. 정신장애인이 아닌 사람은 이 책을 통해 '미친' 세계의 실상 속으로 처음 발을 내딛겠죠. 정신장애를 두려워하는 사람, 잘 모른다고 여기는 사람도 어렵지 않게 이해하도록 자세히 썼습니다. 사람은 알지 못하는 것을 두려워하고 차별하는 법이니까요. 이 책을 집어 든 당신은 '미친' 세계의 수수께끼를 풀 수 있지 않을까요.

그러면 '만 년 동안 살았던 아이'의 이야기를 시작하겠습니다.

1부

만
년
동
안

사는
가운데

황금의 몸과
만 년의 마음이 눈뜰 때

지나 버린 시간이 아깝다는 서글픔이 늘 있습니다. 아, 나도 이렇게 가다가 어느새 늙어 죽겠지, 하는 느낌이 들어 애틋해집니다.

"죽고 싶지 않아. 영원히 살고 싶어."

십 년 전쯤 자살하려다가 미수에 그친 일도 있는 내가 최근에는 이런 생각을 하게 되었습니다.

하지만 그보다 훨씬 어렸던 시절의 나는 영원히 살 것만 같은 황금의 몸과 만 년 동안 살아온 마음을 지니고 있었습니다. 신에 가까운 존재라는 의식을 지니고 살아왔던 것입니다. 그 정도로 만능이 아니면 살아 내지 못하는 상황에서 생겨난 생명의 폭발력이었습니다.

엄마는 조현병입니다.

내가 초등학교 2학년이었을 즈음에 발병했습니다. 1980년대 후반은 조현병을 여전히 '정신분열증'이라는 이름으로 부르며 차별이 심각했던 시절이었습니다. 우리 집에서 '미친 사람'이라는 단어는 금기어였습니다. 밖에 나가면 많이 듣는 말이었기 때문입니다.

"엄마, 언니. 역이야, 내려야 돼!"

"시끄러워!"

엄마는 필사적으로 자신을 일으키려는 딸의 뺨을 때리고는 전철 바닥에 대자로 뻗어 버렸습니다. 뺨에서 불이 난 듯 화끈거렸습니다. 평소에는 절대로 때리지 않는 엄마였습니다. 우연히 부딪혔는지도 모르죠. 의자에 앉은 채로 잠들어 일어나지 않는 언니. "저 엄마 왜 저래?" "애가 너무 불쌍해"라고 수군거리는 목소리. 동정과 기이함이 섞인 시선.

스기미클리닉에서 돌아오는 전철 안이었습니다.

약의 영향으로 졸음이 쏟아지고, 말도 어눌해지

고, 잠들면 일어나지 않는 엄마. 넓적다리를 쩍 벌린 채 당장이라도 의자에서 떨어질 것만 같았습니다. 나는 너무나 부끄러웠지만, 어쩔 수가 없었습니다. 여덟 살이라고는 해도 남의 눈에 부끄러운 짓, 사람들 사이에서 하면 이상한 행동 정도는 구별합니다. 하지만 아픈 엄마에게는 이미 그런 의식이 전혀 없습니다. 털이 덥수룩하게 난 다리를 아무렇게나 뻗고 있을 뿐이죠. 그런 엄마 때문에 갈아탈 필요가 없도록 항상 완행 전철에 탔습니다. 가장 가까운 역에서 내려야 한다며 늘 긴장한 상태로 전철에 탔습니다. 언니도 우울증이 있어, 둘 다 약 부작용 때문에 정신을 못 차릴 정도로 깊은 잠에 빠져 있었습니다.

엄마에게 뺨을 맞았을 때, 엄마가 전철 바닥에 대자로 누웠을 때, 나는 의식이 변모함을 느꼈습니다. 이런 참담한 장면을 봐도 주변 어른들은 누구 하나 도와주지 않습니다. 다들 멀찍이 물러나서 못 본 척하죠. 나는 뭐라도 하지 않으면 안 됩니다. 30초 남짓한 정차 시간 동안 어떻게든 두 사람을 내리게 해야 합니다.

그때 내 몸은 황금으로 바뀌는 듯 강해집니다. 위대한 사람들의 시간과 연결되어 그들과 어깨를 나란히 하고서, 모든 일을 완벽하게 지휘하는 현자처럼 차분해집니다.

"어서 내려야 돼."

엄마를 어떻게든 일으키고 언니를 끌어당겨, 굴러떨어지듯 역 플랫폼에 주저앉았습니다.

그때부터 어른이 되기까지, 나는 황금의 몸과 함께 '만 년을 살아온 사람의 마음을 지닌 아이'로 살았습니다. 어른들이 미숙하고 불쌍하다고 생각했습니다. 여덟 살 남짓한 나이에 자신이 신에 가까운 완벽한 존재라는 의식을 얻었죠. 내 안에서 '살고 싶다'는 생명력이 폭발했습니다. 조현병에 걸린 어머니, 우울증에 걸린 언니, 슈퍼마켓 점장으로 일하느라 거의 집에 없는 아빠. 그런 환경을 살아 내려면 그 외에는 방법이 없었습니다. 나는 어린 시절을 버리고 생존 전략을 꾀했습니다.

엄마는 일본화를 그리는 화가를 꿈꿨습니다. 베이브리지 건설(요코하마의 혼모쿠 부두와 다이코쿠 부두를 연결하는 다리)이 다이코쿠 부두에서 시작되자 어머니는 그 건설 현장의 모습과 작업자들에게 몹시 감동해서 그림 소재로 삼으려고 했습니다. 정면에는 나와 언니가, 배경에는 건설 중인 베이브리지와 바다 물결이 보이는 구도였습니다.

엄마는 학교에서 돌아온 나와 언니를 데리고 매일같이 다이코쿠 부두에 다녔습니다. 엄마가 그림을 그리는 동안 나와 언니는 가까운 공원에서 놀았고, 엄마가 이따금 모델이 되어 달라고 하면 마지못해 베이브리지를 배경으로 섰습니다.

엄마는 식사하는 시간도 아까워하며 그림을 그렸습니다. 언제나 가방에는 식사 대용 비스킷이 들어 있었고, 때때로 그걸 간식으로 받아먹는 게 내 즐거움이었죠.

엄마는 전업주부였습니다. 오이나 가지로 장아찌를 담그고, 된장국에 넣을 가쓰오부시는 매일 새로 깎아서 사용했습니다. 살림을 허투루 하는 법이 없었죠. 그런 가운데 두 딸을 키우고, 일본화에도 열정적으로 몰두했습니다. 아빠는 일이 바빠서 집안일을 함께하는 모습을 별로 보여 주지 않았어요.

항상 히스테릭하게 화내던 엄마의 모습을 생각해 보면 조현병 진단을 받기 이전부터 정신 상태는 좋지 않았을지도 모릅니다.

엄마가 본격적으로 증상을 드러낸 것은, 새로 장만한 집의 수리와 베이브리지 그림의 마무리 작업이 겹쳤을 때였습니다. 엄마는 어렸을 때 부모님을 잃고 나이 차가 많이 나는 형제자매들 손에 자라, 열일곱 살에 아빠와 결혼했습니다. 살림을 가르쳐 줄 사람이 아무도 없어서, 주부 잡지를 사다가 보며 집안일을 따라 했죠. 특히 설날은 성대했습니다. 크리스마스가 끝나면 검은콩을 석유난로에 올려 삶는 작업이 시작됩니다. 주름 없이 매끈한 콩을 만들기란 정말 어렵다며, 엄마는 항상 쭈글쭈글하게 완성된 검은콩을 보며 아쉬워했습니다. 구리킨톤(밤을 으깨어 만든 과자), 고마메(마른멸치 요리), 다테마키(생선과 달걀을 섞어 두껍게 부친 카스텔라 모양의 음식), 우메노아마니(매실 설팅 조림), 후지산 가마보코(후지산을 형상화한 어묵), 히노데미칸(귤 알맹이만 파내어 설탕, 한천 등과 함께 끓여서 젤리처럼 만든 뒤, 다시 귤껍질 속에 담아 먹는 디저트) 등 모두 손이 많이 가는 요리들을 일주일이나 걸려 만들었습니다. 지금 생각해 보면 그렇게 주부 역할에 충실하고 육아를 하면서 본격적으로 일본화까지 그리는 것은 무리였습니다.

엄마는 일본화 분야에서 최고 권위를 자랑하는 일본미술원 전람회 입선을 목표로 하고 있었습니다.

집안일이 일단락된 한밤중에야 엄마는 그림을 그리기 시작했습니다. 잠자는 시간을 줄여 그림을 그렸죠. 그즈음부터 그림을 조금씩 인정받기 시작해, 지체 높은 스님에게서 '초상화를 그려 달라'는 의뢰도 들어왔습니다. 엄마는 더욱 힘을 내었습니다.

엄마가 히가시다병원에 입원한 계기를 나는 거의 기억하지 못합니다. 너무나도 가혹한 체험은 잊어버리는 법입니다. 언젠가 떠오를 때가 올지도 모르죠. 입원하기 전에 엄마가 눈과 머리가 아프다고 호소했던 기억은 납니다. 이 책을 쓰면서 확인해 보니, 히가시다병원은 환청을 계기로 아빠가 찾아낸 곳이라고 했습니다. 강제 입원에 가까웠습니다.

병원 격리실에는 쇠창살이 달려 있었습니다. 언

니와 병문안을 가 보니, 엄마의 상징과도 같았던 긴 머리는 아무렇게나 잘린 쇼트커트가 되어 있었습니다. 그리고 어울리지도 않는 트레이닝복 상하의를 입고서 굉장히 느릿느릿 움직이고 있었습니다. 약 부작용 같았습니다. 나는 엄마가 자랑스러워하던 검고 긴 머리가 다 잘려 나간 것을 보고 너무나 큰 충격을 받았습니다. 지금이라면 생각하기 힘든 일이지만, 당시에는 몸을 씻길 때 편하다는 이유로 여자 환자들의 머리카락을 잘랐습니다. 약도 엄청나게 먹이고, 약을 거부하면 격리실에 가두어 버렸죠. 엄마는 순순히 따르며 어른스러운 환자를 연기해서 한시라도 빨리 병원에서 탈출할 생각이었다고 했습니다.

엄마는 아마도 3주 정도 뒤에 퇴원했던 것 같습니다. 식사를 제대로 하지 못해 비쩍 야위어 있었습니다. 언니와 나는 먹기 편한 젤리나 요구르트를 사 와서 엄마에게 건넸습니다. 쇠약해진 엄마의 모습이 슬펐습니다. 그리고 그때부터 엄마의 정신병원 찾기가 시작되었습니다. 히가시다병원에서 받은 가혹한 대우를 엄마는 잊지 않았습니다. 히가시다병원에서는 낫지 않으리라는 걸 깨달았던 거죠. 내가 학교에 갔다가 돌아오면 엄마는 여기저기에 전화를 걸고 있었습니다. 인터넷이 없던 시대라 병원 찾기는 수고로운 일이었습니다. 구 보건소 등에 물어보기도 했던 기억이 납니다.

그렇게 해서 가까스로 찾아낸 곳이 스기미클리닉이었습니다. 집에서 제일 가까운 역까지 버스로 20분, 흔들리는 완행 전철을 타고 40분, 거기서 엄청난 급경사 언덕을 오르는 데에 또 30분. 스기미 클리닉은 무척 불편한 곳에 있었습니다. 병원에는 많은 정신장애인들이 왔습니다. 언덕을 오르다 보면 중턱에서 숨을 돌리는 환자들이 보였습니다. 나와 엄마도 그 행렬에 동참했죠. 환자들은 건강한 사람과 모습이 달라서 바로 알아볼 수 있습니다. 나는 그곳에서 정신적으로 아픈 사람들의 독특한 행동을 학습했습니다. 눈썹이 내려간 불안한 눈, 입으로 호흡하면서 떨리는 입술, 좀처럼 용건을 꺼내지 못하고 부자연스럽게 더듬는 말투, 기묘하게 살이 쪄 배만 불룩 튀어나온 몸, 질질 끌리는 발, 지갑과 진찰권을 쥐고서 떨리는 손…….

스기미 선생님은 "언덕을 올라오느라 많이 힘드셨죠. 건강한 사람보다 몇 배나 힘들 거예요. 그 언덕을 가뿐하게 올라오면 병이 다 나은 겁니다" 하며 환자들을 격려했습니다.

　　나는 만 년을 살아온 듯한 어른의 마음을 지닌 아이였기 때문에, 그 환자들을 모두 가엾다고 여겼습니다. 스기미클리닉에서는 정신병 환자라고 차별받는 일은 없었습니다. 모두 동지였죠. 나도 가능한 환자들을 친절하게 대하려고 했습니다. 이들도 바깥세상에서는 차별을 많이 받을 테니까요.

　　그래서 스기미클리닉에서 집으로 돌아가다가 전철에서 뺨을 맞았을 때도 엄마에게 미움이 솟지는 않았습니다. 그저, 내게는 황금의 몸이 있지, 나는 만 년 동안 살아온 사람이야, 하는 생각을 떠올렸을 뿐입니다. 나는 무엇보다도 차별이 싫었습니다. 다른 사람 눈만 신경 쓰면서 엄마에게 평범하게 좀 있어 달라고 무리한 부탁을 했죠.

　　하지만 엄마를 미워하지는 않았습니다.

무덤가에서
숨을 쉬다

　스기미클리닉에 다니기 시작하면서 엄마는 간신히 밥을 먹을 수 있게 되었습니다.

　식욕이 폭발해 1리터짜리 아이스크림을 한 번에 먹어 치우고 버터를 통째로 베어 먹을 정도였습니다. 아마도 향정신성 약물의 부작용이었던 모양입니다. 하지만 엄마의 신체 건강을 생각하면 마르고 쇠약한 것보다는 나았습니다. 스기미클리닉에 오는 말씨가 어눌한 환자들은 대부분 뚱뚱했고 배가 튀어나와 있었습니다. 엄마도 점점 그런 체형이 되어 갔습니다.

　엄마의 겉모습이 부끄러워서 살을 뺐으면 좋겠다는 무리한 바람을 말했던 기억이 납니다. 반 친구들에게 엄마를 보여 주는 게 부끄러웠습니다.

엄마는 종종 마음대로 집을 나갔습니다.

초등학교에서 집에 돌아오면, 우선 엄마가 있을까 없을까 하는 불안감 때문에 가슴이 두근거렸습니다. 2층에 늘 깔아 두는 이불에 누워 있으면 안심했지만, 없으면 엄마를 찾으러 나갔습니다.

가는 곳은 대체로 알 만했습니다. 엄마는 소메이샤라는 절의 묘지에 가곤 했습니다. 공기가 맑고 숨을 깊이 쉴 수 있었기 때문입니다.

소메이샤는 한 종파의 대본산大本山입니다. 많은 스님이 각지의 절을 계승하기 위해 수행하러 왔습니다. 우리 동네에서는 스님이 자주 보이는 게 익숙한 광경이었죠. 책방이나 슈퍼마켓 등에서 젊은 승려가 수행과 잠시나마 떨어져서 쇼핑을 즐기기도 했습니다. 그 외에도 연보랏빛 매미 날개처럼 투명하고 아름다운 기모노를 입은 고승이 가방을 든 승려를 대동하고 전철을 타는 모습도 보았습니다. 엄마는 건강하던 시절부터 스님을 무척 좋아해서 끊임없이 "아름답다, 아름다워" 하고 말하곤 했습니다.

"하루, 보랏빛은 고귀한 색으로 여겨지기 때문에

30

지위가 높은 스님들만 걸치는 거야."

엄마는 그렇게 가르쳐 주었습니다.

그 소메이샤에서 엄마가 스케치하고 있을 때 어느 고승이 말을 걸어와, 그의 초상화를 그리게 되었습니다. 엄마로서는 처음 맡은 큰 작업이었죠. 그림은 오십만 엔 정도에 팔렸다고 기억합니다. 아니, 백만 엔이었을지도 몰라요. 기억이 애매하지만, 어쨌든 고액에 팔렸습니다. 엄마가 소메이샤에 그림을 전달하러 갈 때 나도 언니와 함께 따라갔습니다. 그림은 다다미 한 장(약 1.65㎡) 크기였습니다. 엄마는 그림을 감색 천에 싸서 조심스럽게 날랐습니다. 소메이샤의 대회관에 도착하자 특별한 손님처럼 대접해 주었습니다. 나는 신발을 벗어야 한다는 말을 듣고, 새카만 양말로 들어가도 괜찮을까 망설였습니다. 다다미 여섯 장 정도(약 10㎡)로 구획되어 늘어선 작은 방 중 한 곳으로 안내를 받았습니다. 황토색 전통 의상을 몸에 두른 고승과 대면했을 때, 나는 너무나도 자랑스러워서 엄마가 무척 중요한 일을 하고 있구나 하고 생각했습니다. 꿈을 꾸는 기분이었죠.

소메이샤는 엄마에게 그런 경험을 안겨 준 특별한 곳이었습니다.

병이 든 다음에도 엄마는 소메이샤에 가서 "하루, 이것 좀 봐. 선녀가 날고 있어"하며 아무것도 없는 대회관 지붕 위의 푸른 하늘을 기쁨에 찬 듯 가리키기도 했죠.

나는 그즈음 이미 만 년 동안 산 듯 어른의 마음을 지닌 아이였기 때문에 아무 말 없이 하늘을 올려다볼 뿐, 긍정도 부정도 하지 않았습니다. 다만 엄마의 순수함이 가엾었고, 그런 면 때문에 차별당하는 게 슬펐습니다. 엄마에게는 엄마만의 세계가 있습니다. 만 년 동안 살았던 나는 그런 엄마의 세계를 이해하는 사람이 되고자 했습니다. 한편으로는 세상의 어른들이 엄마를 기이한 눈으로 보는 걸 부끄러워하는 자신을 부끄러워했습니다. 어른들은 이를 이해하기에 너무 미숙했죠. 나는 어른들의 무지 또한 이해했습니다. 엄마가 환각을 본다는 사실도 자연스럽게 받아들였습니다. 누구에게도 설명을 들을 필요가 없었어요. 엄마는 내게 보이지 않는 것, 들리지 않는 것을 느꼈고, 그래서 괴로워했습니다. 그런 괴로움이 왜 일어났는지는 모르겠습니다.

학교에서 돌아와 엄마가 없는 걸 확인하면 언니와 함께 소메이샤의 묘지로 갔습니다. 그리고 언제나 쉬곤 하던 나무 그늘에서 엄마를 발견하고 안심했습니다.

엄마는 순진한 아이가 되어 있었습니다.

머리가 아파. 눈이 잘 안 보여. 숨쉬기가 힘들어. 변비가 심해. 엄마의 호소는 늘 신체 증상으로 표현되었습니다. 엄마는 정신적인 상태가 나빠져서 여러 증상이 나타나면 병원에 가서 온갖 검사를 받곤 했습니다. 물론 아픈 곳은 아무 데도 없었죠. 병원은 "아픈 곳은 없습니다"라며 엄마를 내쫓듯 돌려보냈고, 그저 검사만 했을 뿐인데도 고액의 치료비가 나왔습니다. 머리가 아프다고 해서 CT 스캔을 한 일도 있었습니다. 나는 엄마의 병이 뇌외과腦外科에서는 낫지 않으리라는 사실을 알고 있었습니다. 하지만 그런 검사까지 받지 않으면 엄마 성에 차지 않았습니다. 현명한 의사라면 엄마에게 "당신의 병은 내가 치료하지 못합니다"라고 말하며 정신과에 가 보라고 권했겠지요. 하지만 그런 의사는 극히 드물었습니다.

"엄마, 괜찮아?"

엄마를 발견한 언니가 재빨리 곁으로 달려갔습니다.

"언니, 여기라면 숨을 쉴 수 있겠어."

"그럼 한동안 여기 있자."

나보다 네 살 위인 언니는 엄마를 무엇보다 우선하는 다정한 사람이었습니다. 언니는 언제나 엄마 편이었죠.

엄마가 입원 중일 때나 퇴원한 뒤에나 밥을 하는 사람이 따로 없었기 때문에 언니가 다 해 주었습니다.

소메이샤에는 유명 배우의 묘가 있었는데, 엄마는 종종 그곳을 방문했습니다. 음식이나 꽃 같은 건 전혀 준비해 가지 않았죠. 거기서 나와 언니는 '공양을 하자'라는 생각을 떠올렸습니다. 들꽃을 꺾어와 꽃다발을 만들었습니다. 냉이, 망초, 네잎 클로버, 광대나물 등 다양하게 넣었습니다. 언니와 경쟁하듯 모아 왔죠. 하지만 꽃만 가지고는 좀 허전한 법입니다.

"그래, 경단을 만드는 거야."

흙을 둥글게 굴려 진흙 경단을 만들기 시작했습니다. 진흙을 반죽할 때 필요한 물은 절의 수돗물을 마음대로 썼습니다. 내게 무덤은 무서운 곳이 아니라 안심하고 놀 수 있는 몇 안 되는 놀이터였습니다. 일단 사람이 오지 않습니다. 사람들이 있으면 기이하게 보는 시선에 엄마가 노출되어 버립니다. 엄마는 무덤에서는 숨을 편하게 쉴 수 있다며 그곳에 가만히 앉아 있곤 했습니다. 엄마가 어딘가로 가 버리지 않을까 불안해하지 않으며 놀 수 있는 소중한 장소였죠.

내 손 크기만 한 경단을 굴려서 굳힌 뒤, 콩가루처럼 보이도록 겉에 모래를 묻혔습니다. 저세상으로 간 배우가 뭘 좋아하는지는 알 도리가 없죠. 하지만 이 진흙 경단 그대로 저세상에 전해지지 않을 거라고, 그저 공양이라는 개념으로 전해지리라고 생각했기 때문에 소를 넣고 콩가루를 묻힌 경단이면 되리라 여겼습니다.

언니와 둘이서 열심히 들꽃 다발과 진흙 경단을

만들어 배우의 묘 앞에 올렸습니다.

그때였습니다. 묘지 입구 쪽이 소란해졌습니다. 대여섯 명의 여자들이 왁자지껄 떠들썩하게 다가왔습니다.

"큰일 났어! 숨어야 돼."

사회에 살고 있는 어른들은 내게 공포의 대상이기도 했습니다. 특히 엄마와 함께 있을 때는 무슨 말을 들을지 알 수 없었기 때문입니다. 언니도 같은 생각이었죠. 엄마가 어디서 쉬고 있는지를 확인했습니다. 다행히도 엄마는 무덤에서 사각지대가 되는 나무 밑에 앉아 있었습니다. 그러면 우리 둘만 숨으면 됩니다. 둘이서 재빨리 숲으로 가 숨을 죽이고 있었습니다.

"아, 여기네."

색색 가지 정장을 반짝반짝 차려입은 중년 여자들이 배우의 묘 앞에 와서 섰습니다. 아마도 배우의 팬 일행이 참배하러 온 모양이었습니다.

"이렇게 어질러 놓다니, 묘지가 놀이터도 아닌데!"

여자들은 언니와 내가 차린 들꽃과 경단을 치워

버리고는 청소하기 시작했습니다. 야단스럽게 빗자루로 쓸고 물통의 물을 뿌리는 데 열중했죠. 한차례 청소가 끝나자 비싸 보이는 꽃과 과자를 차렸습니다.

　이윽고 일행은 떠났습니다. 적은 없어졌습니다. 배우의 묘를 확인해 보니, 우리가 올린 공물은 말끔하게 사라져 버렸습니다. 눈부시게 화려한 꽃과 과자를 보며 언니와 나는 아무 말도 하지 않았습니다. 둘 다 같은 심정이었을까요. 나는 그저 어떤 어긋남을 느끼고 있었습니다. 자신이 만 년 동안 살았다고는 생각하나, 어딘가에는 어린아이의 면모가 여전히 남아 있음을 뼈저리게 느꼈죠. 그 반짝거리는 옷을 차려입은 여자들은 이런 부조리를 모를 테지요.

　나는 엄마의 병 덕분에 세상에서 '보통'으로 받아들여지는 일이 모조리 거꾸로 뒤집히는 체험을 했습니다. 그 정장 차림의 여자들이 엄마를 봤다면 멸시했을지도 모릅니다. 하지만 나는 알고 있습니다. 그게 잘못된 일이라는 것을. 스기미클리닉의 환자들을 생각하기 때문입니다. 엄마의 병을 유일하게 이해해 주는 스기미 선생님. 선생님만이 만 년 동안 살고 있는 나와 같은 정도의 '어른'이었습니다. '진정한 어른'은 스기미 선생님 같은 사람이지, 동네에서 마주치는 엄마에게 모멸의 시선을 던지는 어른들이 아닙니다. 어린 나보다도 미숙하고 어리석은 사람들. 그래서 동시에 행복한 사람들.

　내 불행은 만 년 동안 살았던 마음으로 엄마를 그런 행복한 사람들에게서 완전히 숨기려 애쓰면서 시작되었습니다. 엄마가 행복한 사람들 앞에서 자신도 그 일원인 척하기를 그만두었기 때문이었죠. 애초에 행복한 사람들도 그런 척하고 있을 뿐인지 모릅니다. 행복한 척 가장할 수 있습니다. 사회에서 배척당하지 않으려고, 기이하게 보는 시선에 놓이지 않으려고요. 그렇게 행복한 척하기를 그만둔 엄마를, 해가 떠 있는 동안에는 나와 언니가 지키고 있었습니다.

　여자들이 떠난 뒤, 엄마 곁으로 돌아왔습니다. 이미 해 질 무렵이 가까워져 있었습니다.

　"엄마, 내가 차린 공물이 전부 치워져 버렸어."

　만 년 동안 살았다는 의식은 없지만, 나와 같은 세계, 스기미 선생님과 같은 세계를 살고 있는 엄마.

"하루가 드린 공물을 분명히 더 좋아해 줬을 거야."

엄마는 다정하게 대답해 주었습니다. 엄마는 병에 걸린 뒤 점점 세상을 인지하는 능력이 떨어지고 있었지만, 중요한 부분은 모두 이해했습니다. 엄마는 아무리 증세가 위중해져도 언니와 나를 함부로 대하는 일이 없었습니다. 언제나 사랑해 주었죠. 그것이 엄마 나름의 방식임을 나는 잘 이해하고 있었습니다.

아무도 오지 않은
운동회

만 년을 살아온 아이였던 내게 순수한 어린 시절이 전혀 없었는가 하면 그렇지는 않습니다. 집에서는 엄마를 중심으로 생활이 돌아갔지만, 학교에서는 마음껏 평범한 어린이로 지냈습니다.

학교는 엄마를 신경 쓸 필요 없이 지낼 수 있는 편안하고 귀중한 장소였습니다.

나는 공부를 잘했고 리더십과 적극성도 있어 선생님이 좋아할 만한 학생이었습니다. 영악하게 애쓰지 않아도 타고난 성격이 그런 아이였죠. 학기마다 한꺼번에 받는 새 교과서가 어찌나 재미있는지, 국어나 사회는 그날 안에 모조리 읽어 버렸고 산수

는 한 달 만에 혼자 힘으로 다 습득했습니다. 수업
이 전부 복습 같았으니 성적이 좋았던 것도 당연했
을지 모릅니다. 네 살 위인 언니가 참고서로 공부하
는 모습을 무척 동경하기도 했습니다. 초등학교 1
학년 때부터 참고서를 사 달라고 졸랐다가 아버지
에게 "1학년은 아직 참고서가 없어"라는 말을 들었
던 일도 생생하게 기억납니다. 2학년이 되고부터는
사 주셨습니다.

아빠는 학습 능력이 있는 분이어서 모르는 부분
이 있으면 기꺼이 가르쳐 주셨습니다. 아빠는 휴
일을 온통 수학 공부를 하는 데 쓰는 사람으로, 내
게 수학 이야기를 즐겨 해 주셨습니다. "하루, 1 더
하기 1이 2라는 사실을 인식한다는 건 대단한 일이
야. 인간은 수를 셀 수 있는 존재란다. 0이라는 숫자
는 인도 사람이 발견했지" 하고 무척 재미있고 이
해하기 쉽게 이야기해 주셨습니다. 나는 아빠와 공
부 이야기를 하는 걸 무척 좋아했습니다. 집에는 매
월 〈뉴턴Newton〉이라는 과학 잡지가 배달되었고, 나
는 그걸 읽으며 우주의 비밀, 블랙홀, 다차원 우주,
상대성 이론, 양자역학 등에 몰두했습니다. 〈뉴턴〉

이라는 잡지는 컬러 일러스트를 곁들여 어려운 이론을 초등학생도 쉽게 머릿속에 그려 볼 수 있게 해주었습니다. 나도 그런 위대한 지식을 이해하게 되리라 기대하며 매일 공부했습니다.

아픈 엄마가 있는 내게 학교와 공부는 유일한 구원이었습니다. 학교 선생님에게는 엄마에게 정신장애가 있다고 이야기하지 않았습니다. 아빠도 사정을 굳이 이야기하지 않아서, 나도 선생님에게 아무 말 하지 않았습니다. 평범한 학생으로서 생활하는 것이 무엇보다 큰 혜택이었죠.

집에 돌아오면 만 년 동안 살았던 아이로 돌아갈수밖에 없습니다. 하지만 때로는 아이다운 정체성으로 일상을 모험으로 만들기도 했습니다.

엄마는 밥을 하지 못했습니다. 아빠도 귀가 시간이 늦어서, 나와 언니는 어떻게든 끼니를 해결해야했습니다. 걸어서 3분 거리에 슈퍼마켓이 있어 그리 곤란하지는 않았습니다.

어느 날, 언니와 나는 현관 앞 계단에서 바비큐를하면 어떨까 하는 이야기에 푹 빠졌습니다. 당시,

둘 사이에서는 요리사 놀이가 유행이었습니다. 주변의 풀이나 나무를 찾는 재료 장만부터 시작해, 조리한 뒤에는 서로 자신의 요리를 설명해 주고서 함께 먹는 흉내를 냈죠. 흉내가 아니라 실제로 먹을 수 있다면 얼마나 좋을까. 저녁밥이 바비큐라니! 얼마나 두근두근하던지요. 즉시 슈퍼마켓에 가서 전갱이를 사 왔습니다. 그리고 나무젓가락을 장작 삼아 불을 피우고, 꼬치에 꿴 전갱이를 구웠습니다.

땅거미가 지는 현관 앞에서 조리를 하다니. 일상생활에 놀이가 가득했습니다. 우리는 현관 앞에서 전갱이를 먹으며 저녁을 해결했습니다.

나중에 듣기로 엄마는 낌새를 감지하고 있었던 것 같습니다. '뭔가 위험한 짓을 하나 본데, 말리려고 해도 도저히 못 일어나겠다' 하고 체념했던 모양입니다. 어른이 있었다면 아이들끼리 불을 피우는 일은 절대로 못 하게 했겠죠. 불장난은 위험하지만 아이들 세계에서는 놀이가 됩니다. 무척 즐거운 추억이었죠.

그런 식으로 즐겁게 보내는 동안은 괜찮았지만, 기어이 학교에서도 아이로 있지 못하게 되는 날이 오고 말았습니다.

　운동회 개회를 알리는 축포가 지역 일대에 울렸습니다.

　체육의 날(매년 10월 둘째 주 월요일) 하늘은 쾌청하지만은 않았습니다. 옅은 잿빛 하늘에는 구름이 레이스처럼 걸려 있었습니다. 나는 체육복을 입은 뒤, 안쪽은 하얗고 겉은 빨간 운동회 모자를 썼습니다. 언니는 이미 중학생이었으니 초등학교 4, 5학년 즈음의 이야기입니다. 체육의 날은 공휴일이어서 언니와 엄마는 2층에서 자고 있었고, 아빠는 슈퍼마켓에 고용된 점장이어서 공휴일과 상관없이 일했습니다. 이날 아침에도 일찌감치 자전거로 출근했습니다.

　일 년 내내 깔아 두는 이부자리에서 역시나 자고 있는 엄마를 흔들어 깨웠습니다. 하지만 독한 약을 먹고 잠든 엄마는 좀처럼 일어나지 않았습니다. 어렸을 때는 한밤중에 눈을 뜨면 어둠이 무서웠습니다. 화장실에 가고 싶어 옆에서 자는 엄마를 향해 아주 작은 목소리로 "엄마" 하고 부르면, 엄마는 번쩍 눈을 뜨고서 "왜 그러니?" 하고 대답해 주었죠.
지금 눈앞에 축 늘어져 잠들어 있는 엄마와 예전의
엄마가 같은 사람이라는 게 믿기지 않았습니다.

"오늘 운동회야. 급식이 안 나오니까 도시락 싸
가야 돼."

"아……, 그렇구나."

엄마는 혀가 제대로 돌아가지 않는 소리로 대답
하고서 다시 잠들어 버렸습니다.

불안했습니다. 왜 운동회 날에는 급식이 없을까.
다른 아이들은 엄마, 아빠가 와서 돗자리를 펼치고
호화로운 도시락을 다 같이 사이좋게 먹을 텐데. 하
지만 지금 엄마에게 그런 건 기대할 수 없었죠. 어
떻게든 도시락만이라도 가져와 주면 좋겠다고 생
각했습니다.

바구니에 공 던져 넣기, 무용, 단체 줄넘기 등 오
전 일정이 차례차례 끝났습니다.

나는 온통 도시락 걱정뿐이었습니다.

경기 모습을 지켜보는 엄마, 아빠, 할머니, 할아
버지들. 아무리 둘러봐도 예상대로 우리 엄마의 모

습은 없었습니다.

"그럼 이제 점심시간입니다. 경기 시작은 한 시간 뒤입니다"라는 안내 방송이 울리고 드디어 도시락을 먹을 시간이 왔습니다.

나는 사람들이 제각각 도시락을 먹는 돗자리를 하나하나 확인하고 돌아다녔습니다. 어딘가에 엄마와 언니가 와 있지 않을까 하고 말이죠. 벌써 세 번이나 돌아보았을 때였을까요. 그리 친하지 않은 이소베 씨 가족 앞을 지나갈 때 내게 말을 거는 목소리가 들렸습니다.

"하루, 엄마가 안 오셨어? 여기 와, 같이 도시락 먹게."

이소베 씨네 가족은 근처에 살기 때문에 당연히 엄마의 병도 알고 있습니다. 근처에서는 유명하니까요. 나는 부끄러워졌습니다.

"괜찮아요, 기다릴래요."

그 말만 남기고 얼른 뛰어갔습니다.

이제 학교 안은 그만 찾아보자. 없다는 건 충분히 알았으니까.

집에서 가까운 쪽 교문 앞에서 기다리기로 했습

니다. 학교 밖을 지그시 바라보며 우두커니 서 있었습니다. 올 리가 없지, 하지만 혹시라도……. 옅은 기대와 절망적인 기분, 고독감. 모두 가족과 함께 도시락을 먹는 시간인데 나만 혼자였죠.

사람들이 물결치듯 오갔지만, 엄마의 모습은 보이지 않았습니다. 시간만 허무하게 흘러갔습니다.

교문에 있는 벚나무에는 유월과 시월이면 예외 없이 송충이가 잔뜩 생기기 때문에 방심하면 안 됩니다. 그때도 송충이가 잔뜩 있었습니다. 대체로 아무것도 모르는 어린 학생들이 여럿 희생되었고, 머리부터 등까지 새빨갛게 부어올라 조퇴했습니다. 하얀 소년들이 송충이에 물려 축 늘어진 모습은 안타깝고도 아름다운 데가 있어서 시선을 빼앗기곤 했습니다. 목덜미를 송충이에게 물려 우는 남자아이를 내가 보건실에 데려간 일도 있었습니다. 위험에 무딘 아이들의 하얀 피부가 빨갛게 부어오르고 덜덜 떨며 우는 모습을 보면, 왠지 나는 잔인하게도 아름답다는 생각이 들었습니다.

점심시간이 15분 남았을 때, 나는 포기하고 교실

에 혼자 들어갔습니다. 교정에 있다가는 다시 이소베 씨 가족처럼 누군가에게 가족과 도시락을 먹지 못했다는 걸 들키리라 생각했기 때문입니다. 아무도 없는 3층 교실에서 교정을 바라보았습니다. 바람이 한 줄기 불어와 도시락을 펼쳐 놓은 가족들의 돗자리가 펄럭였습니다. 이 초등학교 교정의 상징인 등반 체험용 구조물의 꼭대기까지 노란 은행잎이 흩날렸습니다. 어쩐지 비현실적인 광경이었습니다.

나만 이 학교에서 유일하게 완벽한 의식을 지닌 사람인 것 같다는 기분이 들었습니다. 만 년 동안 살아온 마음이 또다시 일어났습니다. 이상하게도 배는 고프지 않았습니다. 나는 황금의 몸을 가진 자니까요. 한 끼 굶는 일 정도는 아무것도 아니었죠. 담임선생님에게 도시락이 없다고 얘기할 생각은 추호도 없었습니다. 말하면 엄마에게 정신병이 있다는 사실도 들켜 버립니다. 학교는 내가 유일하게 아이답게 있을 수 있는 귀한 장소입니다. 나는 그걸 잃고 싶지 않았어요.

교실에 몰래 숨어, 인간 세상에 내려온 신이 된

기분으로 어른과 아이가 도시락을 먹는 모습을 지켜보았습니다. 나는 이들 무리에 들어가지 못합니다. 만 년 동안 살았던 아이니까요.

나는 점심을 건너뛴 채 오후 릴레이 경기에 참가했습니다. 물론 1등으로 들어왔죠. 타고나길 발이 빨랐습니다. 밥을 안 먹어도 잘 뛸 수 있구나 하고 생각했습니다. 반 친구들에게는 밥을 안 먹었다는 사실을 숨겼습니다. 아무도, 아무것도 몰랐습니다. 나도 허기진 느낌이 들지 않았고요. 그 점이 조금 안심이었습니다.

정신병이 있는 엄마가 학교에 와서 호기심 어린 눈에 노출되는 것보다 훨씬 나았습니다. 도시락을 함께 먹자던 이소베 씨라고 해도 마음을 놓지 못합니다. 사람들의 눈은 이중 렌즈 같고, 안구의 표면은 비눗방울처럼 빛을 반사해서 진의를 알아차리기 어렵게 짜여 있습니다. 아무리 친절한 어른이라해도 방심해서는 안 됩니다.

별안간 하늘이 갑갑한 누런 구름으로 뒤덮이고 굵은 빗방울이 떨어지기 시작했습니다.

운동회에서는 교실 의자를 교정에 꺼내 놓고 앉아서 구경들을 합니다. 선생님들이 "비가 내리기 시작하니, 일단 의자부터 가지고 들어가서 교실에서 폐회를 합시다"하고 학생들에게 말했습니다.

그때 의자를 붙잡은 내 눈앞에 작은 회오리가 일더니, 눈 깜짝할 사이에 학교 교정과 비슷한 정도의 너비로 커졌습니다. 주변 아이들은 어째서인지 회오리바람에 신경을 쓰지 않았습니다. 터진 박에서 쏟아졌던 색종이가 꽃보라처럼 휩쓸렸고, 내 시선은 거대한 회오리바람에 붙들렸습니다. 쓰레기봉투, 낙엽, 테이프, 이런저런 것들이 공중에 날아다녔습니다.

불현듯 가까운 초등학교 교정에서 연습 중이던 브라스밴드부 앞에 커다란 회오리바람과 함께 가마이타치(족제비처럼 생긴 일본 설화 속의 요괴)가 나타나서 한 아이가 죽었다더라 하는 소문이 머릿속에 떠올랐습니다. 대열 연습을 하던 중에 '앞으로 전진'이라는 교사의 지시에 지나치게 열심히 따르던 아이 하나가 회오리바람에 휩쓸려 버렸다는 이야기였습니다.

지나치게 열심히 따른 아이들이 가여웠습니다. 나라면 분명히 선생님의 지시를 무시하고 회오리와 요괴에게서 도망쳤을 텐데.

아무도 신경 쓰지 않는 회오리바람. 내가 본 것은 환상이었을까요?

집에 돌아오니 엄마와 언니는 아직도 자고 있었습니다.

"왜 도시락을 가지고 와 주지 않았어?"라고 말했는지 아닌지는 기억이 없습니다. 말한다고 해서 어떻게 될 일도 아니었겠죠. 내가 운동회에서 도시락도 먹지 못하고 달리기에 도전했던 건 딱히 화제도 되지 못한 채 끝났습니다. 운동회에서 먼지투성이가 되었던 몸의 감각만 기억납니다. 그리고 내리 자고만 있던 언니와 엄마도요.

나는 혼자였습니다. 밖에는 비가 내리고 있었죠.

어둑어둑한 1층 부엌에 가만히 앉아 있었습니다. 학교에서 오자마자 갑갑한 일상으로 돌아와 버린 겁니다. 내게는 학교가 유일한 구원이었는데, 운동회라는 이벤트가 끼어들어 내 괴로운 일상의 연장이 되고 말았습니다. 누구나 다 건강하고 사이좋은 가족이 있어서 도시락을 싸 와 줄 수 있는 게 아닙니다. 평범한 어른들은 잘 모르겠죠. 행복한 사람들에게는 정신병이 있는 엄마와 사는 내 불행 따위 짐작도 가지 않을 겁니다. 안다고 해도 정신병이라는 사실만으로 기이하다는 눈빛을 보낼 테지요. 어른이 된 지금은 그것이 차별임을 압니다. 하지만 당시에는 자신이 특별한 아이라는 걸 되풀이해 곱씹을 뿐이었습니다.

학교에서도 집과 똑같은 공기를 느끼는 것이 이렇게 괴로운 일이구나. 학교에서도 만 년 동안 살았던 아이가 되었음을 절감했습니다.

나는 너무나도 무력했습니다.

첫사랑과
불법 침입

"알겠습니다. 바로 갈게요."

나는 진중하게 수화기에 대고 대답했습니다.

가까운 파출소에서 '불법 침입으로 엄마를 붙잡아 보호하고 있다'라는 전화가 왔습니다. 곧바로 아빠가 근무하는 가게에 전화를 걸었습니다.

"엄마가 또 파출소에 있대."

"아빠는 바빠. 하루가 언니랑 같이 데리러 갈 수 있겠니?"

"그럴게."

중학생이던 언니는 아직 학교에서 오지 않은 시간이었습니다. 하지만 나는 아빠가 곤란하리라 생각해서 그 말은 하지 않았습니다. 그리고 혼자서 갈

각오를 굳혔죠. 아빠도 일 때문에 움직이지 못하니까요.

만 년 동안 살았던 아이의 의식이 일어섰습니다. 나는 이미 그냥 아이가 아니었죠. 세상 누구보다도 신에 가까운 어른이 되었습니다. 내 몸이 황금으로 변합니다. 파출소에서 경찰관과 대등한 입장에서 대화할 수 있도록 마음가짐이 바뀝니다.

파출소에서 엄마를 보호하고 있다고 연락이 온 건 두 번째였습니다. 처음엔 아빠와 함께 갔습니다. 그래서 어떻게 하면 되는지는 알고 있었습니다. 하지만 혼자일 때는 용기가 필요합니다.

파출소는 집에서 10분 정도 걸으면 나오는 꽃집 모퉁이에 있습니다.

나는 빠른 걸음으로 갔습니다. 숨을 가다듬으면서 파출소로 들어갔죠.

"실례합니다."

불과 열 살이었지만, 어른처럼 행동했습니다. 내가 얼굴을 들이밀자 건장한 경찰관은 사무적으로 엄마를 재촉했습니다.

경찰관들과 꽤나 안면을 트게 되었지만, 그들이

내게 친절할 이유는 없습니다. 그들은 다만 자신들의 일을 할 뿐이죠. 하지만 모멸적인 시선을 던지거나 하지는 않습니다.

엄마는 경찰관을 좋아했습니다. '미친 사람'인 자신을 유일하게 인간적으로 대해 주는 이들이었기 때문입니다. 스기미 선생님을 제외한 다른 사람들은 대놓고 빤히 쳐다보거나 어눌한 말투를 의아해할 뿐, 말의 내용을 제대로 들으려고 하지 않습니다. 엄마의 망상을 누구보다 이해한다고 확신했던, 즉 만 년 동안 살았던 아이였던 나는, 세상 사람들도 엄마의 말을 전부 들을 수 있다면 그렇게 이상한 말을 하는 게 아니라는 사실을 이해할 텐데 하고 생각했습니다. 엄마에게는 엄마의 세계가 있고, 그것이 세상과 분명히 구별될 뿐임을 말이죠. 하지만 망상과 함께 사는 사람도 있음을 세상 사람들은 인정하지 못합니다. 자신의 세계만이 유일하게 옳다고 절대적으로 믿기 때문이죠. 망상 세계를 무서워하는 이유이기도 합니다. 나는 엄마의 망상 세계가 무섭지 않았습니다.

경찰관은 조현병인 사람을 다루는 데에도 익숙

해서(아마도 그런 사람을 많이 응대해 보았겠죠) 적어도
겉으로는 친절하게 대접해 주었습니다.

　내가 온 걸 보고 집에 가야 한다는 걸 깨달은 엄
마는 곧바로 걸음을 옮기기 시작했습니다. 말없이
그 뒤를 따라갔습니다. 이런 모습을 반 친구들이 본
다면 부끄러워 죽고 싶은 기분이 들 것 같았습니다.
주변을 경계하며 사람들의 시선을 신경 썼습니다.
나는 누구보다도 어른이 되어 버렸기 때문에 세상
의 상식이라는 것에 민감했습니다. 세상을 두려워
했죠. 그런 두려움을 엄마나 언니는 힐난했습니다.
"하루는 교양인이네"라고 비꼬는 투의 말을 몇 번
이나 했습니다. 엄마는 일부러 "사람들 앞에서 큰
소리를 듣는 게 제일 싫지?" 하고 역 앞에서 나를
몰아세운 일도 있습니다. 자신은 큰 소리를 질러서
주목받는 일 따위 아무렇지 않게 생각한다고, 사람
들 눈을 신경 쓰는 내가 어리석은 아이라는 걸 알리
려고 그러나 싶은 행동이었습니다.

　나는 자신이 '교양인'이라는 점, '사람들의 눈을
신경 쓴다'는 점을 부끄러워했습니다. 우리 집안의
가치관에서는 다른 사람들의 눈 따위는 신경 쓰지

말고 원하는 대로 행동하는 게 제일이라고 여겼기 때문입니다.

이제는 사람들 앞에서 날뛰거나 큰 소리를 내거나 호통을 들으면 누구라도 싫어한다는 사실을 압니다. 하지만 당시의 나는 몰랐기에 내가 잘못했다고 생각했습니다.

해바라기 그림이 한쪽 면에 흩뿌려져 있는 엄마의 원피스는 땅거미가 내려앉은 어스름 속에서 눈에 띄었습니다. 나는 그게 너무나 싫어서 노란색을 싫어하게 되었습니다.

배만 불룩 튀어나온 체형의 엄마가 그 원피스를 입으면 마치 임신부 같아 보였습니다. 하지만 얼굴을 보면 아무도 임신부라고는 생각하지 않았습니다. 기묘하게 부어 있는 데다, 손발이 가늘었기 때문입니다. 엄마는 원피스가 꽤나 마음에 들었는지, 똑같은 옷을 몇 장이나 가지고 있었습니다.

다음 날, 학교에서 돌아와 보니 또 엄마가 아무 데도 없었습니다.

초조함에 쫓기며 상식에서 벗어난 엄마의 모습이 세상에 드러나지 않을까 벌벌 떨었습니다. 매일이 불안과 초조함, 부끄러움의 연속이었죠. 이걸 어떻게 피할 수 있을지 지혜를 짜내야만 했습니다.

나는 현관문을 열쇠로 잠그고 제대로 자물쇠가 채워졌는지 확인한 다음, 뛰어나갔습니다. 경찰관에게 잡히기 전에 내가 보호해야 한다는 생각으로, 짐작이 가는 골목길을 구석구석 찾아보았습니다.

'엄마가 또 그 집에 갔구나.'

심장에 차가운 모래를 쏴아 하고 흘려 넣은 것처럼 몸이 떨리고 무서워졌습니다.

엄마는 그즈음 구보타 씨라는, 알지도 못하는 사람을 자신의 첫사랑이라고, 아빠와는 별개로 자신에게 구혼한 사람이라고 믿고 있었습니다. 그 사람의 집 안으로 멋대로 들어가려다가 신고당하기도 했습니다.

구보타 씨 집으로 가 보니, 아니나 다를까 주변을 어슬렁거리는 엄마가 보였습니다.

"집에 가자. 구보타 씨는 없어."

세게 끌어당기자 엄마는 손을 획 뿌리쳤습니다.

"그렇지 않아. 구보타 씨는 날 좋아한다고. 집에 멋대로 들어갔는데도 다정하게 '이러면 안 돼요'라고만 했잖아."

나는 그걸 '미친 사람'에 대한 동정이라고 받아들였습니다. 그는 내가 엄마를 쫓아다니며 분주하게 애쓰는 모습을 보고서 말을 걸거나 의심스러운 눈빛을 보이지도 않았습니다. 다만 곤혹스럽고 조금 안타까워하는 표정만 짓고 있었죠.

구보타 씨는 내가 봐도 수려한 남자였습니다. 탄탄한 체격에다 부드러운 말투와 태도에는 성적인 매력이 있었죠.

나는 그때 누구보다 엄마의 망상을 이해하는 사람이 되고 싶었습니다. 만 년 동안 살았던 아이인 내게는 엄마와 망상 세계의 이야기를 함께 나눌 수 있다는 자부심이 있었습니다. 엄마보다도 엄마의 세계를 한발 앞서 헤아려 엄마가 원하는 바를 이뤄주겠다는 마음. 그리고 엄마의 세계와 차별적인 현실 세계의 틈을, 면도날 위를 걷듯 잘 아우르겠다는 마음이었습니다.

　세상은 엄마를 이물질로 취급했습니다. 거리낌
없이 경멸 어린 시선을 보냈죠. 내게는 너무나도 괴
로운 일이었습니다. 엄마의 망상을 잘 통제해서 증
상이 있더라도 세상과 잘 지내도록 조정하는 것이
내 역할이라고 생각했습니다. 그러기 위해서는 무
엇보다 엄마의 망상을 아는 게 중요했습니다. 나는
언제나 긴장하고 있었습니다. 자신이 똑바로 대처
하지 않으면 면도날 위를 걷는 아슬아슬한 세계에
서 바로 떨어져 버릴 테니까요.

　엄마는 눈앞에 있는 구보타 씨와 첫사랑이 다
른 사람이라는 사실은 이해하는 듯했습니다. 하지
만 구보타 씨가 자신을 좋아한다고 말하며 물러서
지 않았습니다. 엄마 마음속에서 아빠의 존재는 어
떻게 된 걸까 하는 생각을 그때는 하지 못했습니다.
어쨌든 엄마의 망상에 맞추어 살아가는 것, 그리고
망상을 하는 엄마 그대로를 사회로부터 지켜주는
것이 내 사명이었습니다.

엄마는 구보타 씨의 집에서 비스듬한 방향의 담벼락 앞에 내내 서 있었습니다. 기다릴 작정이었겠죠. 거대한 비파나무의 두툼한 잎이 엄마를 세상의 눈초리에서 숨겨 주는 것만 같아, 딱 좋은 장소라는 생각이 들었습니다.

　"납득할 때까지 기다리다 보면 돌아가겠지."

　엄마의 망상을 부정하며 "구보타 씨는 엄마 같은 사람을 좋아하지 않아. 폐만 끼친다고. 불법 침입은 범죄야"라고 말해 본들 소용없다는 걸 알고 있었습니다.

　나는 엄마에게서 조금 떨어진 주차장의 주차방지턱 위에 앉아 자갈돌을 가지고 놀며 기다렸습니다. 인적이 뜸한 골목에는 이따금 저녁 장을 보러 가는 주부며 두부 장수가 오갈 뿐이었습니다. 그때마다 나는 긴장하며 대응할 태세를 취했습니다. 엄마를 빤히 바라보는 사람이 있으면 경계했습니다. 그리고 구보타 씨가 돌아오지 않기를 기도했죠. 평일이어서 집에 없을 시간대였습니다. 구보타 씨가 무슨 일을 하는지는 몰랐지만, 일하는 사람이라는 점은 확실했습니다. 하지만 엄마는 그걸 이해하지 못하니 매일 동태를 살피듯 기다리고만 있었죠.

구보타 씨의 집은 오래된 목재 담장에 둘러싸인 단층집이었습니다. 밖에서 들여다보기로는 정원처럼 보이는 공간에 짙은 녹색이라고는 없었고 항상 그늘이 져 있었습니다. 집 전체가 답답하고 어두워 보였죠. 축축한 어둠을 구석에 감추고 있었습니다. 행복의 절정에서 몰락한 듯한 분위기가 우리 집에도, 구보타 씨 집에도 있었습니다.

엄마를 기다리다가 나는 빈혈을 일으켰습니다.

시야가 언뜻 흐려지고, 자신이 아득하게 멀어져 가는 것만 같았습니다. 진땀이 나고 정체 모를 불안으로 이상해지는 느낌이 들었습니다. 등 뒤에서 어떤 남자가 내게 욕을 하는 기색을 느꼈습니다. 그건 철이 들 때부터 내게 들러붙어 있었던 그림자였습니다. 환상과 환청 사이의 방약무인한 욕설은, 알아차리는 순간 바로 가까이에 와 있곤 했습니다.

나는 큰일 났다고, 또 그 시커멓게 불타 버린 들판에 떨어졌구나 하고 생각했습니다.

"넌 틀렸어! 넌 이상한 애야!"

이따금 그런 목소리가 내 머릿속을 가득 채웠습니다.

하지만 나는 그게 환청임을 알고 있었습니다. 아무리 속이 뒤집히고 괴로워도 울음을 터뜨리지 않고 다시 일어날 자신이 있었습니다. 무서워서 몸이 움츠러들어도, 부끄러워 지옥 불에 타 들어 가는 것 같아도, 불안감에 숨이 꽉 막혀도, 차가운 시선에 심장이 한계까지 덜덜 떨려도.

내가 구비한 냉철한 이성은 아주 오래전에 감정을 말살했습니다. 그나마 남아 있던 마음은 잘려 나가서 버려졌죠. 살기 위해서.

만 년 동안 살았던 아이란 그런 존재입니다.

골목길을 빠져나와, 생선가게의 시계를 확인했습니다. 벌써 몇 번이나 오갔을까요.

"이제 네 시야. 배도 고픈데 집에 가자."

"배고파?"

"응."

나는 엄마에게 자식을 사랑하는 마음만은 남아 있음을 알았기에 그걸 이용했습니다. 배고파하는 자식에게 밥을 해 주는 걸 잊어버렸다는 사실만이 슬프고 가여울 뿐이었습니다. 나는 역시나 엄마의 딸이라는 사실을 납득했습니다. 그것만이 엄마와 나를 이어 주는 증거 같았습니다. 과거와 현재를 자유롭게 오가던 엄마가 지금의 나만은 과거로 같이 데려가는 듯했죠.

"피곤하니까 집에 갔다가 장 보러 가자."

엄마는 그날도 노란색 해바라기 원피스를 입고 있었습니다. 다리에 숭숭 나 있는 털을 보고 낄낄대는 중학생 남자아이들 앞을 지날 때는 죽을 듯이 부끄러웠습니다. 변함없이, 변함없이 세상 인간들은 '미친 사람'의 몸을 비웃습니다.

깔끔하고 정상적인 엄마와 함께 가는 아이를 보면 부러워서 넋을 놓고 바라보았습니다.

이내 얼마 전에 있었던 일이 떠올랐습니다.

"하루, 과자 줄까?"

부잣집 친구의 아리따운 엄마가 내민 과자를 양손으로 받아 집에 오려던 참이었습니다.

"쟤는 좀 천박한 느낌이 드네. 보통 과자를 받을

때 양손 가득 받아 갈 생각은 안 하잖아."

험담하는 목소리가 내 뒤통수를 때렸습니다. 그 집에는 두 번 다시 가지 않겠다고 결심했죠. 내가 예측 불능의 천박한 마음과 예의범절에서 벗어난 행동거지에 익어 있다고 생각하자 슬퍼졌습니다. 스스로 예절을 익히려고 해도 열 살짜리 아이에게는 한계가 있었습니다.

나는 수업 중에 교문을 바라보며 예쁜 엄마가 데리러 오는 몽상에 빠지곤 했습니다.

미치코 이모

．

　방바닥에 늘 깔려 있는 이부자리에서 자거나, 거리를 배회하거나, 전화를 하거나, 엄마는 늘 그중 하나인 상태였습니다.

　특히 엄마는 엄마의 형제자매들에게 연이어 전화를 걸어 이야기하곤 했습니다. 대화에 귀를 기울여 보면 내가 모르는 엄마의 일면이 이야기 구석구석에서 들려왔습니다.

　열일곱 살 무렵에 아빠와 만나 결혼했고, 엄마의 많은 형제자매들이 그 결혼에 반대했으며, 엄마가 이른바 후처의 자식이었다는 것. 엄마에게 형제자매가 아홉 명 있는데, 배다른 형제인 위의 네 명과는 나이 차가 굉장히 많이 났습니다.

엄마는 어릴 때 어머니를 잃고, 어머니의 관이 화장되는 광경을 보았습니다. 그 이후 어머니가 불에 휩싸여 "뜨거워, 뜨거워!"라고 외치는 악몽에 시달려 왔다고 합니다.

그런 경험 때문에 엄마는 어린아이처럼 도깨비를 무서워했습니다. 나도 엄마에게 물려받았는지 도깨비를 무서워해서, 중학생이 될 때까지 언니와 함께 목욕을 했습니다. 그리고 언니와 같은 이불을 덮었고, 언니가 새우처럼 구부리고 자면 나도 똑같이 꼭 끼워 맞춘 듯한 모습으로 자곤 했습니다. 원래 그건 엄마의 역할이었을지도 모르겠습니다. 하지만 엄마에게는 그걸 기대하기 어려웠으니 언니에게 의지했겠죠. 언니는 불평 한마디 없이 내 기대를 채워 주었습니다.

엄마의 아버지는 메이지 시대(무쓰히토 일왕의 재위기인 1867~1912년)에 태어난 완고한 사람이었다고 합니다. 엄마의 형제자매들이 TV에 푹 빠져 있는 모습이 꼴사납다고 화를 내면서 재단 가위로 TV 전선을 잘라 버린 적도 있었다고 했죠.

엄마의 오빠들은 공부를 곧잘 했고, 태풍이 오면

다 같이 가마쿠라 해변에 서핑을 하러 가는 활발한 사람들이었습니다.

"아버지와 어머니의 계명戒名을 가르쳐 줘."

엄마는 형제들에게 떨리는 목소리로 전화했습니다. 나는 엄마가 여기저기 전화를 걸어 대는 게 탐탁지 않았지만, 그 간절한 모습에 잠자코 있었습니다.

계명은 원래 불교 종파에서 출가한 사람에게 지어 주는 이름이지만, 일본에서는 죽은 사람에게 승려가 지어 주는 이름을 가리키기도 합니다.

열일곱 살에 집을 떠나 일을 하면서 정시제 고등학교(일하는 청소년들을 위해 주간부/야간부 등으로 짧게 수업을 하는 일본의 고교 과정)를 다닌 엄마는 부모님의 위패나 사진을 갖고 있지 않았습니다.

병이 생기고 나서 엄마는 어린 시절의 기억을 되살리려 필사적으로 매달렸습니다. 언젠가 아빠가 환청에 시달리는 엄마 모습을 보며 "엄마는 어렸을 때 많이 힘들었대"라고 말한 적이 있었습니다. 나는 어린 시절로 돌아가 버린 엄마를 지켜 줘야겠다고 생각했죠.

계명을 알아낸 엄마는 귀가한 아빠에게 "이 계명을 붓으로 예쁘게 써 줘"하며 화려한 전통 문양이 들어간 빨간색 종이를 내밀었습니다. 엄마는 글씨를 쓰는 데는 재주가 없었습니다. 학교 공부도 영 잘하지 못했지요. 병이 든 다음에는 외래어마저 어설프게 썼고, 심부름을 시킬 때면 '우유'같이 쉬운 단어도 알아보기 어려운 메모를 건네었습니다.

한편 아빠의 필체는 컴퓨터로 쓴 것처럼 늘 아름답게 정돈되어 있었습니다. 아빠는 종종 수학 공식 등을 모눈종이에 베껴 쓰며 공부했는데, 그 솜씨가 마치 인쇄된 출판물 같았습니다.

아빠는 곧바로 붓을 들어 해서체로 계명을 썼습니다.

"불단을 살 돈이 없으니까."

엄마는 액자에 아름다운 무늬의 천을 깔고 계명을 쓴 빨간색 종이를 한가운데에 놓았습니다.

"여기가 좋지 않을까?"

언니가 가리킨 피아노 옆쪽에 아빠가 못을 박아 걸었습니다.

엄마는 만족스러워하는 얼굴이었습니다.

엄마에게도 엄마가 있었지만, 일찍 세상을 떠났습니다. 나는 그런 사실이 실감 나지 않았습니다. 병약했다는 그분은 엄마의 기억 속에서 다정하고 아름다웠던 모양입니다. 1912년에 태어난 여인은 세상을 가늘게 스치듯이 살다가 떠나 버렸습니다. 사진도 영상도 문자도 없이, 그저 자식의 기억 속에만 희미하게 남았습니다. 그런 생각을 하면, 환청을 듣게 된 엄마가 자신의 어린 시절을 되돌리려고 간신히 기억을 긁어모으는 모습에 눈물이 납니다.

눈앞에 나란히 쓰여 있는 부모의 계명을 보는 사람은 아무래도 내 엄마가 아니라 작은 어린아이인 것만 같습니다. 나는 계명이 쓰인 액자를 항상 다정한 눈으로 보았습니다. 그럴 때면 그 이름이 지켜봐 주는 듯했습니다. '미친 사람'을 보는 세상의 시선과는 정반대의 눈빛으로 감싸 준다는 생각이 들었죠.

엄마가 특히 자주 전화하는 상대는 미치코 이모였습니다. 미치코 이모도 조현병이 있었죠.

미치코 이모는 배다른 자매로, 엄마와는 나이 차가 많이 났습니다. 엄마는 미치코 이모에게 미움을 받았다고 합니다. 미치코 이모는 특출하게 공부를 잘했던 사람이지만, 엄마가 사춘기에 접어들 즈음에 발병하면서 괴로워하기 시작했습니다. 환청이 들리기 시작했는데도, 공부 잘하는 미치코가 그렇게 될 리 없다며 아무도 병원에 데려가지 않았다고 합니다. 그래서 병이 악화되어 지금까지도 낫지 못했습니다.

엄마의 형제자매들은 모두 공부를 잘했습니다. 지역에서 가장 공부를 잘한다는 고등학교에 모두 진학했는데, 엄마만 가지 못했다고 합니다. 하지만 엄마는 그림을 뛰어나게 잘 그렸습니다.

엄마가 왜 자신을 미워했던 미치코 이모에게 마음을 쓰는지는 내게 수수께끼입니다. 하지만 엄마는 자주 전화하곤 했습니다.

엄마가 미치코 이모와 만나고 싶다는 말을 꺼냈습니다. 아빠가 쉬는 수요일에 가족들이 함께 방문하기로 했습니다. 아빠는 일의 특성상 주말에 쉬지 못합니다.

그렇게 보고 싶다고 했던 미치코 이모의 집은 우

리 집에서 한 시간도 걸리지 않는 곳에 있었습니다.
지금의 나라면 바로 만나러 갈 수 있는 거리입니다.
하지만 당시의 엄마와 내게는 아빠가 데려가 주지
않으면 못 간다고 생각할 정도로 먼 거리였습니다.

미치코 이모는 모두 떠나 버린 본가에서 혼자 살
고 있었습니다.

집은 폐허였습니다.

단층 주택의 지붕에서는 여기저기 비가 샜고 빗
물을 흡수한 다다미가 굽이치듯 위로 솟아 있었습
니다. 방에는 웃풍이 휘휘 들어왔고요. 때는 확실히
겨울이었는데, 집 안의 기온이 바깥과 별반 차이가
없었습니다. 이런 곳에서 어떻게 사람이 지내나 생
각하며 나는 조심스럽게 집 안으로 들어갔습니다.
신발을 신은 채로 들어가도 될 법했지만, 나는 신발
을 벗었습니다. 장지 종이에는 쥐가 갉은 흔적이 있
었고 회반죽으로 된 벽은 군데군데 무너져 내리고
있었습니다.

미치코 이모는 비가 새지 않는 안쪽에서 이불을
뒤집어쓰고 있었습니다.

우리가 방문해도 일어날 기색이 없어, 엄마는 미

치코 이모에게 달려갔습니다.

"언니, 괜찮아? 병원에 갈까?"

엄마는 자신도 병이 있으면서 미치코 이모를 걱정했습니다.

"병원은 이제 됐어."

미치코 이모는 혼자 사는 사람입니다. 누가 병원에 가라고 말해 주거나 데려가 줄 리 없습니다. 지금 와서 생각해 보면 돈은 어떻게 해결하고 있었는지도 잘 모르겠습니다. 누군가, 아마도 형제자매들이 보내 주고 있었던 모양입니다.

지금이라면 생활보호라도 신청하겠죠. 미치코 이모를 돌봐 줄 존재가 필요하다는 사실을 압니다. 엄마는 가족이 있어 그나마 나았을지도 모릅니다. 당시에는 아직 편견이 극심했던 조현병을 빌미로 이혼당한 사람들이 많았습니다. 스기미클리닉에서 친해진 여자 환자들은 "당신은 이혼당하지 않은 것만 해도 다행이에요"라고 엄마에게 말했습니다.

나는 뒤틀어지지 않은 다다미 위에 얌전하게 앉아 있었습니다.

73

찬 바람이 휘휘 불어 들어왔습니다. 아빠와 언니
는 봉당 쪽에 각자 서 있었습니다.

초등학생이라면 잠자코 기다리지 못하고 집에
가자며 보채거나 시끄럽게 굴기도 하겠죠. 하지만
나는 절대 그런 짓을 하지 않았습니다. 만 년 동안
살았던 아이인 나는 엄마가 하고 싶은 대로 하게 두
는 것을 자신의 사명으로 삼고 있었습니다. 그리고
엄마의 행동이 이른바 세상의 상식에서 극도로 벗
어나지 않도록 제어하는 역할을 맡고 있었습니다.
내가 안전하기 위해서라도 그렇게 해야만 했습니
다. 세간의 상식에서 벗어나는 순간, 세상 사람들은
일제히 냉랭한 시선을 보내기 시작합니다. 나는 그
것이 쓰리고 괴로웠습니다. 엄마와 세상의 상식 사
이에서 꼼짝도 못 하고 있지만, 이를 자신의 통제력
하나로 극복해야 했습니다. 그게 만 년 동안 살았던
아이인 내게 지워진 일이었습니다.

하지만 이는 너무나도 무거운 역할이므로 해낼
수 있는 사람은 아무도 없습니다. 당시의 나는 그
사실을 전혀 깨닫지 못했습니다. 엄마의 환청을 잘
이해하고 세상의 상식에 맞춰 가면서 만 년을 살아

온 자신이라면 가능하리라고 믿었죠. 아마도 그게 가능한 존재는 신밖에 없을 겁니다. 나는 신의 영역에 발을 들이려 하고 있었습니다. 만 년 동안 살았던 아이라면 이미 인간의 경지가 아니니까요. 어떤 어른보다 황금 몸을 지닌 신에 가까워질 수 있다고 인식했던 겁니다.

그때 폐가에서 미치코 이모와 만나던 엄마는 세상의 눈에서 벗어나 있었기 때문에 나와 엄마 모두 안전했습니다. 게다가 아빠와 언니도 있었죠. 나는 어떤 종류의 안정감 속에서 이 만남을 지켜보았습니다.

미치코 이모는 엄마와 마찬가지로 늘 이불을 깔아 놓고 그 위에서 지내는 듯했습니다.

이불 속에 드러누운 이모에게 엄마는 뭐라고 말을 더 걸었지만, 나에게까지 들리지는 않았습니다.

조현병으로 고통받은 엄마는, 마찬가지로 조현병으로 고통받는 미치코 이모의 마음을 가장 잘 이해했겠죠. 엄마는 아마도 "병원에 가 보자"라고 설득했던 것 같습니다. 이제는 어른이 된 형제자매들도 전화로 미치코 이모에게 했던 말이었습니다. 하지만 이모는 완강하게 거부했습니다.

조현병 환자들에게는 '병식病識', 즉 자신이 병에 걸렸다는 자각이 없다고들 합니다. 환청이나 환각을 진짜라고 굳게 믿고, 망상 세계를 현실 세계로 여기며 살아갑니다. 미치코 이모도 병식이 없었습니다. 엄마는 적어도 병원에는 다녔기 때문에 병식이 있었습니다. 히가시다병원에 강제로 입원했을 때, 그 열악한 병원에서 벗어나 집으로 돌아가기 위해 고분고분 많은 약을 먹고 모범 환자로 지내면서 얻은 것입니다. 엄마는 자신에게 병이 있음은 틀림없지만, 히가시다병원에서는 낫지 않으리라는 걸 알았습니다.

미치코 이모는 나와 언니에게 과자를 주었습니다. 늘 누워 지내는 이모 나름의 환영이었죠. 어린 아이였던 우리를 생각해 주었던 겁니다.

그저 과자를 받았던 일만 기억할 뿐, 그때 미치코 이모의 모습은 아무리 떠올리려고 해도 기억나지 않습니다. 내 안의 미치코 이모는 방 안쪽에서 이불을 뒤집어쓰고 있던 모습, 엄마가 필사적으로 말을 걸던 모습뿐입니다.

"여보, 이제 됐잖아. 집에 가자."

시간이 얼마나 지났을까, 아빠가 그런 말을 꺼냈습니다.

"아직 안 갈 거야."

엄마는 물러서지 않았습니다. 이렇게 되면 아무도 설득하지 못합니다. 언니도 아빠도 나도 잘 알고 있습니다.

결국 그날은 점심때가 지나 저녁에 가까울 때까지 미치코 이모 집에 있었습니다.

엄마가 무엇으로 만족했는지는 모르겠지만, 그 뒤에도 미치코 이모가 정신병원에 갔다는 이야기는 오랫동안 듣지 못했습니다.

독

"하루, 이거 먹어."

엄마가 공기에 든 죽을 내게 내밀었습니다.

"싫어, 안 먹어."

나는 죽에 엄마가 먹는 향정신성 약물이 들어 있다는 걸 알았기 때문에 거부했습니다.

"언니는 먹었단 말이야."

엄마는 어르는 듯한 목소리로 말했습니다. 언니는 엄마 말을 거의 거스르지 않고 항상 그대로 따랐습니다. 나도 대체로는 엄마 말에 따랐지만, 약이 든 죽은 싫었습니다. 나는 부엌에서 도망쳐 2층에 있는 방으로 갔습니다.

엄마가 다시 부르는 목소리가 들렸습니다. 가 보

니 작은 그릇에 죽이 조금 덜어져 있었습니다.

"요만큼이라도 좋으니까 먹어 봐."

엄마는 어떻게든 내게 약이 든 죽을 먹이려는 모양이었습니다.

"싫다니까."

나는 단호하게 거부했습니다. 엄마는 자신에게 효과가 있는 약은 아이들에게도 좋으리라 여기고 먹이려 했습니다. 정말로 기분이 나쁘고 꺼림칙했습니다. 자신과 타인의 경계가 없었죠. 약이란 질병의 증상이 있는 사람에게 맞추어 의사가 처방해 주는 것입니다. 모든 사람에게 효과가 있는 약이란 없습니다. 엄마는 그걸 구별하지 못했습니다. 엄마가 아이에게 자신의 약을 먹이는 건 아이를 생각해서라고 여기는 것 같았습니다. 하지만 그렇다면 왜 알아차리지 못하도록 죽에 섞었을까 싶어 불쾌했습니다. 마치 독을 타듯이 말이죠.

스기미클리닉에 다니게 된 뒤로 조금씩 움직일 수 있게 된 엄마는 의무감에서인지 식사 준비를 시작했습니다. 하지만 뭘 만들든 주먹만 한 야채가 설익은 채 들어 있을 뿐이었습니다. 나는 그런 음식을 먹고 싶지 않았습니다. 그러자 엄마는 "하루는 좋아하는 것만 먹으려고 하네"라며 화를 냈습니다.

좋고 싫은 문제가 아니었습니다. 당근은 확실히 좋아하지 않았지만, 제대로 익지도 않은 데다 아무 맛도 없는 음식을 기꺼이 먹으라고 하는 게 무리한 일이죠.

하지만 엄마는 나름대로 '어머니'로서 자식에게 밥을 차려 줘야 한다는 생각에 사로잡혀서 한 행동이었습니다. 책망할 수 없었죠.

매일같이 설익은 당근과 감자만 늘어놓은 저녁밥을 보다 못해, 어느 날 아빠가 카레를 만들었습니다.

"아빠가 만든 밥에는 독이 들어 있어."

엄마는 카레를 가리키며 화를 냈습니다. 나와 언니에게 아빠의 카레를 절대 먹지 말라고 했습니다.

"또 그런 말을 하네. 독 같은 건 안 넣었어. 먹어, 어서."

엄마는 자신을 히가시다병원에 강제로 입원시켰던 아빠를 원망했습니다. 때때로 불같이 화를 내며 "왜 그런 병원에 날 집어넣었어?"하고 아빠를 비난했습니다. 그때마다 아빠는 "어쩔 수 없었어. 나도 정신병에 대해서 잘 몰랐단 말이야"하고 변명했습니다. 아빠가 사과하는 모습은 보지 못했습니다. 그러니 엄마의 관점에서는 아빠가 만든 음식에 독이 들어 있다고 여긴 것도 당연했을지 모릅니다. 아빠 때문에 입원했던 히가시다병원에서 처방받은 약은 정말로 독과 다름없었으니까요. 엄마의 운동 신경을 빼앗고 체중을 37kg까지 빠지게 했으며 사고 능력도 빼앗아 갔습니다.

결국 언니는 엄마가 만든 덜 익은 당근과 감자를 먹고 2층으로 올라갔습니다. 나는 설익은 음식을 참을 수가 없어서 아빠와 같이 카레를 먹었습니다.

내가 초등학교 3, 4학년이었던 무렵, 엄마와 이웃 사람들 사이에 갈등이 생겼습니다.

우리 집은 차도 들어오지 못할 정도로 좁은 골목길 중간에 있는 단독주택입니다. 오른쪽으로 가면 '스즈란장'이라는 욕실도 딸려 있지 않은 오래된 아파트가 있습니다. 그 아파트에 소꿉친구가 살아서 매일같이 놀러 갔습니다. 때때로 놀고 나서 친구와 함께 목욕탕에 가기도 했습니다. 집을 등지고 왼

쪽으로 가면 큰 도로가 나오는데, 그 모퉁이에 작은 세탁소가 있었습니다.

엄마는 세탁소 할머니와 갈등을 빚었습니다.

시작은 할머니가 이불을 두드리는 소리였습니다. 팡팡팡 하고 울리는 소리에 엄마는 자기더러 들으라고 하는 짓이라 생각했죠.

"세탁소 할망구가 또 이불을 팡팡팡 두드리고 있어. 일부러 괴롭히는 거야!"

엄마는 세탁소가 보이는 창문의 덧문을 닫아걸고 절대로 열지 않으려고 했습니다. 그 밖에도 할머니가 엄마 욕을 하고 다닌다고 말했던 기억이 납니다.

엄마는 이웃을 모두 적이라고 생각했습니다.

뒷집에 사는 남자가 시험공부를 한다는 소리를 듣고는, 방 창문을 모두 열어젖힌 채 커다란 음량으로 클래식 음악을 틀어 방해했습니다.

너무나도 시끄러워서 엄마에게 그만하라고 부탁했지만 멈추지 않았습니다.

그런 엄마의 행동 때문에 나까지 주변의 냉담한 시선을 받게 되었습니다. 정신장애에 대한 차별도 포함되어 있었으리라 생각합니다. 특히 긴장할 때는 이웃과 스쳐 지나갈 때였습니다. 이웃 사람들은 내게 절대로 인사를 하지 않았습니다. 나는 적의가 없음을 나타내기 위해서라도 인사를 하고 싶었지만, 무시당할까 두려워서 말없이 지나쳤습니다.

엄마에 대한 소문은 골목 안쪽 사람들만이 아니라 큰길 쪽에 사는 사람들에게까지 퍼졌습니다. 그래서 나는 더욱 누구에게라도 인사하려는 생각을 못 했습니다. 엄마에 관해 묻지 않고 함께 어울려 주는 이웃의 소꿉친구들만이 내게는 구원이었습니다.

어느 날, 엄마는 세탁소 할머니에게 이불 소리가 시끄럽다고 불평하러 갔습니다. 내가 듣기로는 이불 소리가 그렇게까지 거슬리지 않았지만, 자신에게 적개심을 드러내는 소리라고 확신한 엄마에게는 너무나도 크게 들렸겠죠.

그리고 더 큰 갈등으로 번졌습니다. 이전까지는 얼굴을 봐도 무시하는 정도였지만, 이제는 서로 싸움을 거는 사이로 번지고 말았죠.

정말로 무서웠습니다. 나는 엄마가 보통 사람과 다르다는 사실을 잘 알기에, 사회와의 알력을 통제하는 일이 내 역할이라고 생각했습니다. 지금이라면 그런 건 아무도 해낼 수 없는 영역임을 압니다. 하지만 만 년 동안 살았던 아이라는 건 아무도 못 해낼 신의 영역에 이미 발을 들인 뒤라는 뜻입니다. 충돌이 일어나지 않도록 엄마를 유도하거나, 타이르거나, 엄마의 망상 세계를 더 이해하려고만 했습니다. 망상의 세계를 이해하면, 사회와의 알력을 방어할 아주 작은 가능성이라도 보일 것만 같은 기분이 들었으니까요.

그것이 그 순간, 무너지려고 했습니다. 사회와 망상이 정면으로 서로 대립하기 시작했죠.

그런 반목이 몇 번이나 되풀이되었습니다. 처음에는 엄마가 세탁소 할머니 집에 가서 불평하고 말다툼을 하는 정도였지만, 결국은 어느 날 우리 집 앞에서 아주 큰 싸움이 나고 말았습니다.

"여기서부터는 우리 집 땅이니까 들어오지 마!"

엄마는 돌이 깔려 있는 골목길의 우리 집 쪽 바닥에 서서 선을 그리는 시늉을 하며 소리를 질렀습니다.

세탁소 할머니가 뭐라고 했는지는 기억나지 않습니다. 다만, 그때는 밤이었고 아빠도 있었던 기억은 납니다. 한바탕 고성이 계속 오가는 동안, 나는 집 안에 틀어박혀 있었습니다.

무서워서 문을 닫고, 손잡이를 꼭 붙잡아 아무도 들어오지 못하게 했습니다. 나는 만 년 동안 살았던 아이인데도 무력했습니다. 사회와 망상을 통제함으로써 어떻게든 살아왔는데, 그 순간에 다 무너져 내렸습니다. 어떤 대처도 하지 못했죠. 나 혼자 괴로운 거라면 어떻게든 참을 수 있었습니다. 하지만 다른 사람들과의 언쟁으로 커져 버리면 그 사이에서 멈추게 할 방법이 없었습니다. 내 세계는 그때 무너졌습니다.

얼마 뒤 언니가 문을 열려고 손잡이를 돌렸습니다. 나는 붙잡고 있던 손을 풀었습니다.

"뭐 하는 거야?"

언니는 내가 무서워서 겁을 먹었는지 어쨌는지는 전혀 신경 쓰지 않는 듯이 말을 내뱉었습니다.

나는 무서워했던 것이 부끄러웠습니다. 언니는 망상과 사회가 서로 부딪혀 갈등이 생겨도 무서워하지 않는 것 같았습니다. 언니는 내가 망상과 사회 양쪽에 발을 두고 제어하려 드는 모습을 보고 "하루는 교양인이네" 하며 웃어넘기곤 했죠. 언니에게는 망상 쪽, 아니, 엄마 쪽이 언제나 옳았던 건지도 모르겠습니다. 설익은 당근이며 감자를 먹었고, 엄마가 아빠의 카레에 독이 들이 있다고 말하면 먹지 않았고, 엄마가 죽에 약을 타도 그냥 먹었죠. 나로서는 하지 못한 일이었습니다.

고성은 잦아들었습니다.

나는 후유 하고 한숨을 쉬며 잠자리에 들었습니다.

그리고 며칠 뒤, 사건이 일어나고 말았습니다.

아침에 밖에 나가 보니 집 앞 화단에서 이상한 냄새가 났습니다. 크레졸 같은 약품 냄새가 코를 찔렀습니다. 아무래도 화단에 어떤 약품이 살포된 것 같았습니다.

엄마는 아침에 늦게 일어나기 때문에 알아차리지 못했습니다. 아빠는 알아차렸는지 어쨌는지, 평소와 같이 출근했습니다. 나와 언니도 평소대로 학교에 갔습니다.

집에 돌아왔을 때 엄마는 충격에 빠져 있었습니다.

"집에 누가 독을 뿌렸어. 하루, 이제 집은 위험해! 도망가야 돼!"

엄마는 옷가지를 가방에 쑤셔 넣고 있었습니다.

나는 당황했습니다. 확실히 집 앞 화단에서는 약품 냄새가 났습니다. 아빠도 없는 상황에서는 망상 세계 속에 있는 엄마의 판단이 절대적입니다. 나는 어느 쪽이 망상인지 더는 알 수 없게 되었습니다. 그저 엄마와 함께 있다 보면 망상이 아닌 세계가 없어져 버립니다. 아이에게 역시 엄마는 절대적인 존재이니까요. 독이 살포되었으니 정말 도망가야 하는 긴급사태인 건지 아닌지, 스스로 판단할 수가 없었습니다.

"자, 가자."

엄마는 집 앞을 얼른 빠져나가, 언니와 나를 데리고 버스에 올랐습니다. 역으로 가는 버스였죠. 어찌할 작정인지도 모르는 채 따라갔습니다.

가장 가까운 역까지는 10분 정도이니 대단한 거리는 아닙니다.

엄마는 역에 도착한 뒤 비즈니스호텔을 찾아 거리를 돌아다니기 시작했습니다. 짐은 그리 많지 않았습니다. 나는 왠지 마음이 조마조마했습니다. 아빠에게 연락하는 게 좋지 않을까? 이 망상의 도피

행을 계속해도 될까?

얼마 뒤 엄마는 퇴락한 비즈니스호텔 한 곳을 발견했습니다. 평일이어서 방에는 금방 들어갈 수 있었습니다. 엄마는 안심한 모습으로 의자에 앉아 편안히 늘어졌습니다.

나는 호텔 벽의 갈색 얼룩이 무서웠습니다. 전등도 전체적으로 어둡고 음울한 분위기를 풍겨서 얼른 집에 돌아가고 싶었죠. 언니는 잠자코 엄마를 따랐습니다.

그러고 보니 엄마는 당시에 살던 단독주택으로 이사했을 즈음, 아파트에서 데려온 개가 새집에서 갑자기 죽어 버렸을 때도 독을 먹고 죽었다는 말을 했습니다. 어제까지 건강했는데 돌연사를 하다니 말도 안 된다고 했죠. 그때부터 이미 엄마는 이웃들을 불신하기 시작했나 봅니다.

엄마에게 '독'이란 어떤 종류의 버튼이었습니다. 조현병 환자의 망상에는 그 사람만의 독특한 생각이 있습니다. '전파'가 버튼인 사람은 전파에 조종당하고 있다는 식으로 말합니다. 엄마는 자신에게 좋지 않은 일이 일어나면 그게 '독' 때문이라고 믿어 버리는 경우가 많았습니다.

그러는 동안에 어떻게 알았는지, 아빠가 데리러 왔습니다. 아마도 엄마가 연락했겠죠. 숨을 헐떡이며 달려온 아빠는 양손 모두 주먹을 꽉 쥐고 있었습니다. 평소 버릇입니다. 조금 초조했던 모양이었습니다. 설마 이웃과의 갈등 때문에 엄마가 딸들을 데리고 도망치리라고는 예상 못 했겠죠.

"여보, 돌아가자. 독 같은 거 없어."

아빠는 엄마의 망상에 맞춰 주지 않았습니다. 그게 아빠가 조현병인 엄마와 살며 할 수 있었던 최대한의 노력인지도 모릅니다. 아빠는 언제나 사회적인 상식을 척도로 삼아 살아가는 사람이었으니까요. 상식이라고는 해도 '여자는 여자답게'라든가 '사람들 앞에서는 예의 바르게 인사해야 한다'라는 식의 통념과는 관계가 없습니다. 나는 그런 식의 교육을 전혀 받지 않았습니다. 아빠는 회사에서의 승진보다 수학 공부를 선택하는 일종의 괴짜였습니다. 회식 같은 자리에는 전혀 참석하지 않았고, 휴일에는 오로지 수학 문제 풀이에만 몰두했죠.

그런 아빠에게 상식이란 '사실' 그 자체였을 겁

니다. 망상에 대응하는 데는 사실이 필요하니까요. 그걸 벗어나서는 안 되는 법이죠. 망상하는 사람에게 "당신에게는 그렇게 보이는/들리는구나. 나는 잘 모르겠지만"하며 상대방이 느끼는 바를 부정하지 않는 것, 하지만 자신에게는 보이지/들리지 않음을 전달하는 것이 중요합니다. 이는 내가 어른이 된 뒤에 조현병과 씨름하면서 깨닫게 된 나름대로의 방식이었습니다. 만 년 동안 살았던 아이 시절의 나는 엄마의 망상을 더 잘 이해하려다 덩달아 그 망상에 휩쓸려 사실이 무엇인지 알 수 없게 되었습니다. 하지만 아이였으니 당연했고, 당시의 나는 온 힘을 다했다고 생각합니다.

아빠에게 설득된 엄마는 집으로 돌아갈 준비를 시작했습니다.

네 가족이 밤거리를 걸었습니다. 집에 돌아가 봐야 좋을 건 하나도 없었죠. 망상과 세상 사이를 위태롭게 오가는 매일이 기다리고 있을 뿐.

내일도 학교에 갈 수 있다는 점만이 내게는 구원이었습니다. 학교에서는 망상과 사회의 틈바구니에서 안간힘 쓰지 않아도 되니까요.

리텐교와
유령

내가 초등학생 때, 엄마는 신흥 종교에 빠졌습니다.
계기는 스기미 선생님의 권유였습니다.

"일본에서 가장 큰 병원이 리텐교李典教*에 있는데,
한번 가 보면 사회 공부가 될 거예요."

엄마는 그 말대로 했습니다. 지금 생각해 보면 정
신과 의사가 신흥 종교를 권하다니, 대체 무슨 일인
가 싶습니다. 스기미 선생님이 왜 그런 말을 했는

---

*   일본에는 신흥 종교 신자가 전체 신앙인의 절반을 차지한다고
볼 만큼, 크고 작은 종교가 수없이 존재한다. 기성 종교에서 파생
되어 창설하는 경우가 많고, 이 책에 나오는 리텐교와 같이 주택
가 곳곳에 자리 잡아 포교 활동을 하기도 한다. 재산 기부 강요나
노동 착취로 문제를 일으키는 일부 사이비 종교도 있지만, 큰 규
모로 발전한 신흥 종교는 독자적인 사업을 벌여 엄청난 수익을
올리기도 하고 정치 참여에도 적극적인 점이 특징이다.

지, 이제는 생각나지 않습니다.

얼마 지나지 않아 엄마는 근처에 있는 리텐교 도장에 다니게 되었습니다. 도장은 주택가에 있었는데, 걸어가다 보면 갑자기 크고 화려한 문을 갖춘 기와지붕 건물이 나타났습니다. 지역과는 아무런 연계도 없었습니다. 하지만 집에서 걸어서 갈 수 있는 거리에 있었기 때문에 나는 학교가 끝나면 엄마, 언니와 함께 매일같이 갔습니다.

기부금은 월 만 엔 정도였다고 기억합니다.

리텐교의 창시자는 여성으로, 그 역시 정신장애가 있었다고 합니다. 그래서인지 엄마는 리텐교 안에서 무척 정중하게 대접받았습니다. 사회에서 자신의 자리를 잃은 엄마를 유일하게 환대해 준 곳이었죠.

그즈음의 엄마는 망상에 빠지는 일도, 환청을 쫓아 여기저기 쏘다니는 일도 없었습니다. 그렇지만 아마도 환청은 들리는 모양이었습니다. 내가 보는 앞에서 환각으로 들리는 소리와 대화하지는 않았습니다. 다만 환청이 지시하는 대로 행동해 버리는 경우가 있었고, 그 외에는 온종일 집에서 잠만 자고 있었습니다. 환청에 따라 움직일 수 있는 상태가 아니었기 때문이겠죠. 약의 부작용으로 살이 찌고 입술이 떨리고 말씨도 어눌해졌습니다. 겉으로만 봐도 '건강한 사람이 아니구나' 하고 눈치챌 정도였으니 사회에 융화되기란 무리였습니다.

리텐교 도장에는 아이들도 많이 있었는데, 나는 어쩐지 조심스럽게 놀았던 기억이 납니다. 그곳 아이들도 결코 엄마를 차별하지 않았습니다. 하지만 나는 다른 방에 있는 엄마의 모습이 언제나 마음에 걸렸습니다. 엄마는 도장 2층에 누워 있을 때가 많았습니다. 틀림없이 뭔가 나쁜 일이 일어나리라는 예감이 들었습니다. 정체 모를 공포였죠. 안전한 곳에 있음에도 사회에서 차별받고 주변 사람들에게 차가운 대접을 받았던 기억 때문에 나는 좀처럼 안심하지 못했습니다.

무슨 일이 일어나면 바로 대응할 수 있도록 준비해야 돼.

항상 최악의 사태를 염두에 두어야 해.

만 년 동안 살았던 아이의 의식은 그런 것입니다.

항상 만전을 기해야 한다고, 그럴 수 있다고 믿습니다. 이는 신의 영역까지 자신의 통제력을 발휘하겠다는 일종의 오만함이었습니다. 인간은 최악의 상황까지 대비하고 준비해 두지 못합니다. 그리고 항상 최악의 사태만을 상정하고 살아갈 수도 없습니다. 사회는 근거 없는 낙관론으로 이루어져 있습니다. 나는 만 년 동안 살았던 아이였기에 그런 낙관론을 잃어버렸습니다. 항상 사회와 엄마의 조현병이 부딪히지 않도록 통제해야 한다고 생각했기 때문입니다.

실제로 이런 일이 있었습니다.

대학교 1학년 때, 오키나와 여행을 가겠다고 엄마에게 말했습니다.

"비행기가 추락할 수도 있으니 가지 마" 하고 엄마는 나를 설득했습니다.

내가 아르바이트를 하다가 정규직 일자리를 찾아보고 싶다고 했을 때는 "지금 하는 일이 있으니까 정규직 같은 거 안 해도 되잖아. 그냥 그대로 있어"라고 말했습니다.

엄마 또한 늘 '최악의 사태'를 미리 걱정하는, 만년 동안 살았던 아이였던 셈이죠. 어린 시절에 어머니를 잃고 배다른 형제자매 속에서 자랐으니까요.

게다가 최악의 사태는 지금도 일어납니다. 경찰에게 붙잡혀 보호받고, 이웃들에게 험한 일을 당하고, 사회에서는 냉담한 시선을 받으면서 엄마는 마음 둘 곳이 없었습니다. 병원과 가정, 몇 안 되는 친척 정도가 엄마에게는 세계의 전부였습니다. 내게는 학교와 엄마밖에 없었고요.

그래서 나는 리텐교에서도 방심하지 않았습니다.

한편으로는 리텐교 사람들이 엄마를 전혀 차별하지 않고 받아들여 주었기에 겨우 숨을 쉴 수 있었던 기억도 납니다. 리텐교에서 나는 엄마의 조현병과 사회가 마찰을 빚지 않도록 그 사이에서 통제하지 않아도 되었습니다. 엄마는 엄마대로 리텐교의 어른들에게 맡겨 두면 괜찮았죠.

리텐교 도장에 다니는 동안, 신자들에게 창시자가 몸에 둘렀던 천을 부적으로 받을 기회가 있음을 알게 되었습니다. 그러려면 먼 곳에서 연 1회 열리는 행사에 참석해야 합니다. 여행을 해야 한다는 뜻입니다.

그때까지 우리에게 여행 같은 건 불가능했습니다.

병이 있는 엄마가 신칸센 티켓을 구하고 숙소를 예약하다니, 도저히 생각하기 어려웠죠.

결국 행사에 단체로 참석하는 리텐교 사람들이 우리를 데려가 주기로 했습니다. 엄마에게 병이 생긴 뒤로 두 번째 여행이었습니다. 첫 번째는 엄마의 증상이 심해지던 중에 아빠가 회사의 복리 후생으로 초대권을 받아서 갔던 아타미 여행이었습니다. 엄마는 무척 신이 났습니다. 아빠와 연인처럼 행동하며 즐거워했죠. 아빠에게 꼭 붙어 있기도 하고 손을 잡기도 했습니다. 하지만 나는 우리의 옷차림이며 가방이 호화로운 숙소와 어울리지 않는다는 사실이 신경 쓰였습니다.

나는 내 가족이 다른 사람들 보기에 부끄럽다는 사실을 일각일각 의식하며 괴로워했습니다. 다른 사람들 눈만 신경 썼죠. 생일날 기껏 자전거를 선물로 받았는데 뒤쪽 짐받이의 녹슨 부분이 사람들 눈에 띌까 싶어 전전긍긍하는 것처럼 뭐든 다 신경이 쓰였습니다. 나는 만 년 동안 살았던 아이로서 엄마를 사회에서 지키려고 그런 의식을 가동시켰습니다. 하지만 지금 돌이켜보면, 엄마의 세세한 행동 하나부터 열까지 사회 규범에서 벗어나지 않도록 얽어매려고만 했습니다.

'평범하게 좀 있어 줬으면.'

내 소원은 이것 하나뿐이었습니다. 엄마를 차별하는 사회가 나쁘다고 하면서, 정작 나도 크게 다르지 않았던 겁니다.

리텐교에서는 엄마가 '평범'하지 않아도 신경 쓰는 사람이 없었고 오히려 보살펴 주었습니다. 그래서 나는 숨을 돌릴 수 있었습니다.

여행은 순조롭게 진행되었습니다. 리텐교 시설에 묵고 부적도 받게 되었습니다. 비용이 오천 엔이었으니, 비교적 양심적인 신흥 종교였다는 생각이 듭니다.

나는 반짝반짝 윤이 나는 본전의 나무 바닥을 걸으며, 몇 겹으로 닫힌 작은 방으로 안내를 받았습니다. 다다미 여섯 장(약 $10\,m^2$) 남짓한 방 안에는 고운

발이 걸려 있었고, 그 앞에 부적을 건네주는 사람이 있었습니다.

몇 번이나 감사의 뜻을 표한 뒤에 두 손으로 받았습니다. 가로세로 3센티미터 정도의 작은 붉은색 천이었습니다. 건네주던 어른은 이 천이 창시자가 몸에 둘렀던 귀한 것이라며 "무서운 일이 있으면 이 천에 기도하거라" 하고 말했습니다.

천을 넣은 호화로운 주머니에는 목에 걸 수 있도록 비닐 끈이 달려 있었습니다. 나는 그것을 항상 목에 걸고 다녔습니다. 만 년 동안 살았던 아이로서 유일하게 의지할 곳이 생겼습니다. 몸에 안도감이 착 달라붙어 함께해 주는 듯했습니다.

리텐교는 귀신도 퇴치해 준다는 말을 듣고, 무서워지면 "리텐교, 귀신을 쫓아내 주세요" 하고 기도했습니다. 마음 붙일 곳이 되어 주었죠. 기도할 때 나는 그저 평범한 아이로 돌아갔습니다. 자신이 신이라고 착각하는 오만함과 멀어졌습니다. 그저 우주 속 하나의, 작고 작은 무력한 인간에 지나지 않는다는 사실을 깨달았습니다. 자신보다 위대한 힘이 있다는 깨달음은 인간을 자유롭게 합니다. 특히 만 년 동안 살았던 아이였던 내게는 꼭 필요한 깨달음이었습니다.

내가 신이 아니라는 것. 나로서는 그 사실을 줄곧 깨닫지 못하고 있었습니다. 신의 아이로서 태어났다. 그러므로 나는 신이 될 것이다. 신과 동등한 황금의 몸은 몇 번이나 되살아난다. 만 년의 우주와 접속한 내 의식은 누구보다도 어른이다. 차별하는 모든 어른은 불쌍하고 어리석은 어린아이다. 그렇게 믿음으로써 나는 가혹한 어린 시절을 버텼습니다. 자신이 어쩔 수 없이 연약한 어린아이라는 사실을 내던져 버렸죠.

실제로 불과 여덟 살인 어린아이에게 무엇이 가능했을까요. 하지만 생명의 폭발력은 나를 누구보다도 신에 가깝게 만들었습니다.

내가 리텐교와 만난 것은 열 살 때였습니다.

그곳에서 신이 아닌 시간을 보낼 수 있었습니다. 사실은 무서워서 견딜 수 없었던 많은 일들, 이웃 주민들에게 받은 냉대, 사회에서 받은 차별, 상식과는 먼 가족, 병든 엄마, 그 모든 것과 마주했습니다.

하지만 그렇다고 해서 만 년 동안 살았던 아이를 완전히 그만두지는 못했습니다. 나는 귀신이 무서울 때면 부적을 꺼내곤 했습니다. 깜깜한 어둠에 둘러싸인 채 잠자리에 누워 있으면 어둠 속에서 뭔가가 튀어나올 것 같은 두려움에 꼼짝없이 사로잡혔습니다.

그건 사회에 대한 내 불안이었을지도 모릅니다. 혹은 만에 하나라도 일어날지 모를 사태에 습관적으로 대비하다 생긴 부작용이었을지 모르죠. 나는 특히 화장실을 무서워했습니다. 변기 구멍에서 손이 튀어나오지는 않을까 상상하며 궁금했습니다. 밤에 화장실에 가기가 너무나 두려워, 앉아서 용변을 보는 동안 '만에 하나라도 손이 나오면 어떻게 하지?' 하며 괴로워했죠. 혼신의 힘을 다해 구멍을 내려다보면 손 같은 건 없었습니다. 늘 반복해서 보았지만, 변기 구멍에서 손이 나오는 일은 없었지요. 그런 일이 일어날 리 없는데도 손이 튀어나오는 이미지가 머릿속에서 떠나지 않았습니다. 귀신에 대한 공포. 그건 진짜 현실로 느껴지는 공포였습니다. 애초에 생활에 안정감을 가져 본 적이 있기나 했을까요? 언제나 위태로운 사건이 일어나고, 그에 대처하기 위해 자신을 신이라 믿어 버리고. 그렇게 무력함에서 도망치기만 했습니다. 자신의 무력함을 인정해 버렸다면, 나는 어쩌면 살아남지 못했을지도 모릅니다.

나는 리텐교 도장에 다닌다는 걸 친구들에게도 말하지 않았습니다. 학교에서는 '평범'한 아이로 있고 싶었기 때문입니다.

하지만 당시에 각별히 사이가 좋았던 하기와라에게만은 털어놓았습니다. 하기와라와 나는 소울메이트 같은 관계였습니다. 항상 함께했고 둘 사이에 비밀은 전혀 없었죠.

초등학교에 올라간 뒤로 늘 애인 관계 같은 우정을 키웠습니다. 상대는 그때그때 달랐습니다. 내 첫사랑도 여자아이였습니다. 초등학교 1학년 때, 짧은 단발머리에 피부가 하얗고 조용하던 아이와 연애하듯 가까이 지냈습니다. 무엇이든 해 주고 싶어서 친구가 힘겨워하던 자전거 연습도 함께했죠. 친구를 지켜 주겠다고 진심으로 생각했습니다.

초등학교 5학년 때는 하기와라가 그 대상이었습

니다. 나와 하기와라에게는 공동의 비밀이 있었습니다. 쉬는 시간이면 창고로 사용되는 빈 교실에 가, 골판지 상자 안에서 각자 가져온 간식을 같이 먹는 것이었습니다. 하기와라가 가져오는 간식에는 세련된 멋이 있었습니다. 겉에는 귀여운 캐릭터 그림이 그려져 있고 안에는 딸기 젤리가 들어 있는 마시멜로, 민트 향이 나는 머랭 쿠키 등 꿈에서도 아른거릴 메뉴가 줄을 이었죠.

우리는 비밀을 함께 나누며 학교에서 한 몸처럼 붙어 지냈습니다.

"아무한테도 얘기 안 한 비밀인데, 나 이런 부적을 갖고 다녀."

나는 옷 속에서 화려한 주머니에 싸인 부적을 꺼냈습니다.

"무서운 일이 있을 때마다 여기에다 기도하면 괜찮아진대. 하지만 이건 절대 비밀이야. 너한테만 알려 주는 거야."

하기와라는 신묘하다는 표정으로 듣고 있었습니다. 부적은 하기와라 외에 아무에게도 들키지 않았습니다. 친구는 약속을 지켜 주었습니다.

리텐교 도장에는 아마 2년 정도 계속 다녔던 것으로 기억합니다. 내가 중학생이 될 즈음에는 이미 부적도 어디로 가 버렸는지 사라졌습니다. 그렇게 의지했던 신도 함께 사라졌죠. 하지만 그 한때만큼 리텐교는 엄마에게 지낼 곳이 되어 주었고, 나를 귀신에게서 지켜 주었습니다.

떨리는 입술

히가시다병원 입원과 퇴원을 거쳐 의사가 스기미 선생님으로 바뀐 지 몇 년이 지나자, 느릿느릿 소걸음으로 걷기는 했지만 엄마도 외출이 수월해졌습니다. 환청에 따라 행동하는 일도 거의 없어졌습니다.

하지만 정말로 아주 천천히 걸을 수밖에 없어서 한눈에도 평범하지 않아 보였습니다. 엄마도 자신의 몸과 행동이 다른 사람과 다르게 보인다는 사실을 자각했습니다.

나는 엄마를 향해 "입술이 떨려" 하고 몇 번이나 주의를 주었습니다. 그때마다 엄마는 차가운 물을 뒤집어쓴 듯 겁먹은 얼굴로 입술을 꾹 다물었습니다.

"하루, 지금도 떨리고 있니?"

"아니, 괜찮아."

의식하는 동안에는 떨림이 멎었지만, 몇 분 지나면 다시 떨리기 시작합니다. 나는 그런 입술이 보기 싫어서 참을 수가 없었습니다.

하지만 그건 무척 잔혹한 지적이었습니다. 지금 돌이켜 보면 미안한 마음이 가득 차오릅니다. 입술이 떨리는 현상은 아마도 약의 부작용이었을 겁니다. 하지만 나는 몇 번이고 주의를 주었죠.

'건전하고 깨끗하고 올바른 보통 사람'의 시선을 견지하던 내게는 두 세계 사이에 쌓아 올린 방파제 같은 마음만 가득했습니다. 나는 '미쳤다'라는 소리를 듣는 세계에 살고 있는 동시에 '미친' 세계를 단죄하려 드는 '보통 사람'인 척하며 '미친' 세계를 감추려고 필사적으로 애썼습니다. 복잡했습니다. 몸은 항상 부끄러움으로 갈기갈기 찢어지고 있었죠. 부끄럽고 또 부끄러웠습니다. 숨을 쉴 때마다 부끄러웠습니다.

나는 엄마가 조현병이라고 하면 차별할 사람인

가, 그렇지 않은 사람인가를 구분했습니다. 내가 안심하고 그곳에 존재할 수 있는가의 문제였기에 엄마를 차별하는 사람들은 용서하지 않았습니다. 하지만 엄마가 조현병이어도 차별하지 않는 사람은 병원 의사 정도밖에 없었죠. 그 외의 어른들은 모두 적이었습니다.

지금도 내게는 그런 버릇이 남아 있습니다. 이 사람이 조현병인 엄마와 만나면 어떻게 반응할지 매번 생각합니다. 지금도 이를 기준으로 친구나 파트너를 선택합니다. 엄마를 만났을 때 무시하거나, 평범하지 않은 모습을 보고 웃거나 하지 않는지가 중요합니다.

정신장애인들을 차별하고 비웃는 사람에게는 사실 악의가 거의 없습니다. 그냥 당연하게 하는 행동이죠. 보통 사람과 다르면 조소의 대상이 됩니다. 만 년 동안 살았던 아이로 있으면서 나 역시 그런 의식을 내면화했습니다. 세상이 무서워 견딜 수 없었기 때문이기도 합니다.

정신병이 있는 엄마와 함께하며 세상에게 도움을 받았던 경험은 한 번도 없습니다. 단호하게 말할 수 있습니다. 사실입니다.

나는 적들에게서 엄마를 숨기기 위해, 평범하게 보일 방법을 엄마에게 열심히 가르쳤습니다. 빨리 걷는 법, 입술이 떨리지 않게 하는 법, 살을 빼는 법. 엄마로서는 다 어쩔 도리가 없는 일이었지만 엄마를 적에게서 지키려면 다른 방법이 없었습니다. 나 자신을 지키기 위해서도요.

늘 '머리가 이상한 사람'이라거나 '이질적인 사람'이라는 시선을 받는 쪽에 있다 보면 행동이라도 평범해 보여야만 합니다. 평범함을 연기하는 거죠. 그러지 않으면 몸담을 수 있는 세계가 없으니까요. 하지만 자신을 둘러싼 '이상한' 세계와 자신을 적대시하는 '평범한' 세계를 오고 가는 일은 무척 피곤합니다. 사실 자신은 외계인인데 인간 행세를 하고 있다는 기분에 휩싸여 늘 공격당할지 모른다는 두려움을 느낍니다.

엄마가 "이제 평범하게 보이지?" 하고 확인하는 일만큼 가슴 아픈 일은 없었습니다. 나는 "엄마는 평범하게 보이지 않으니까 평범하게 보이려고 애써야지!" 하며 늘 화를 냈습니다. "엄마가 평범하게

보이지 않으면 나도 평범하게 안 보이잖아!"라면서
요. 얼마나 지독한 짓인지. 엄마가 '이상한 사람'으
로 보이지 않도록 '보통 사람'의 행동을 강요하다
니요. 그건 불가능한 일인데도.

하지만 '보통 사람'인 척하는 내게는 생존의 문
제였습니다.

그즈음 같은 꿈을 반복해서 꾸었습니다.

주변 사람이 모두 좀비가 되어 피부가 썩은 모습
을 하고 있는데, 나만 유일하게 인간인 꿈입니다.
좀비들은 인간을 뜯어 먹고 싶어 합니다. 나는 잡아
먹힐까 전전긍긍하면서 좀비인 척합니다. 좀비들
이 '인간의 장기 중에서 제일 맛있는 부분은 어디
인가'라는 화제로 열띤 이야기를 나누면 맞장구를
치며 "나는 심장을 좋아해"라고 말해 봅니다. "심
장? 그렇게 맛있지 않은데, 근육밖에 없잖아. 제일
맛 좋은 부위는 간이지" 하고 좀비들이 의심스러워
합니다. "아니, 나는 취향이 좀 특이해서 그래" 하
고 허둥지둥 둘러댑니다. "그런데 넌 왜 신발 따위
를 신고 다녀?" 하고 옆에 있던 좀비가 갸웃거립니

다. 좀비들이 다니는 길에는 구더기가 기어다니는 연못이 잔뜩 있는데, 나는 구더기를 밟는 감촉만은 참을 수가 없어서 빨간 운동화를 신고 있었습니다. "아, 발이 아파." "그런 인간 같은 짓거리는 당장 그만두는 게 좋을걸. 어쨌든 발이 뜨거워서 견딜 수가 없을 테지만." 나는 좀비들에게 들키지 않으려고 조금씩 발걸음을 늦추다가 가까스로 무리에서 탈주합니다.

유쾌한 꿈은 아니었습니다.

피의 붉은색, 짙은 녹색, 황금색 빛만 축축한 어둠 속에서 눈에 띌 뿐이었습니다. 도망치던 도중에 나는 좀비가 아니라는 게 발각되어 습격당해서 결국 죽고 맙니다.

눈을 뜨면 좀비 앞에서 필사적으로 꾸며 내려고 애쓰던 느낌이 몸에 남아 있습니다.

그러나 눈을 떠도 그 괴로움은 사그라들지 않았습니다. 현실에서는 엄마에게 좀비 흉내를 내도록 강요하고 있었으니까요.

현실에서의 인간이 꿈속에서는 좀비입니다. 좀비인 쪽이 '정상'입니다. 인간을 먹기 좋아하고, 인간을 우습게 여기죠. 꿈속에서 좀비로 보이려 애썼던 나는 현실에 돌아와서도 자신에게 인간 자격이 있다고 생각하지 않았습니다. 학교며 슈퍼마켓, 버스, 전철 등 내가 일상에서 수시로 마주치는 공간은 모두 거짓으로 속여야만 하는 장소였습니다. '미친 사람'이 아닌 척, 계속 연기해야 하는 장소였습니다.

등이며 발바닥, 정수리, 새끼손가락 등 어디라도 공간에 닿기만 하면 찌릿 하고 두려움이 몰려왔습니다. 몸의 중심은 체온을 잃고, 얼음으로 채워진 위는 오그라들었습니다.

어느 날, 같은 반 친구에게 초대를 받았습니다. 가겠다고 수락했지만, 시간이 지나면서 별로 가고 싶지 않아졌습니다. 하지만 친구에게 아무래도 가기 싫다는 말을 꺼내기가 어려워, 엄마에게 대신 거절해 달라고 부탁했습니다.

엄마는 나를 데리러 온 친구에게 뭐라고 응대를 해서 돌려보냈습니다.

다음 날 학교에서 친구는 다른 아이들에게 커다란 목소리로 떠들었습니다.

"하루네 엄마 말이야, 소가 음매 하는 것처럼 말을 하더라. 하아루우우느은 이제에 모옷 가아아."

"나도 봤어. 엄청 이상하더라."

친구의 야유에 당연히 화가 났지만, 헤헤 웃으며 지나치고 말았습니다. 엄마가 바보 취급당한 분노를 부끄러움이 이겼습니다. 존재한다는 건 내게 부끄러운 일이었습니다. 살아간다는 건 부끄러운 일이었습니다. 매 순간 찌릿 하고 감전되는 것 같은, 그저 괴로운 일이었습니다.

나는 그 친구를 원래부터 좋아하지 않았습니다. 하지만 초대를 받으면 거절하지 못했습니다. 다른 사람이 어떻게 생각할지 늘 신경 쓰는 성격 탓입니다. 만 년 동안 살았던 아이 노릇을 하다 보면, 어느샌가 그런 성격이 몸에 달라붙습니다. 늘 엄마와 세상 사이의 충돌을 회피하기 위해 다른 사람의 눈치만 살피기 때문이죠. 내 의지대로 행동하지 못하고, 오로지 세상과 엄마를 제어하는 일만 사명으로 삼고 있으니까요. 그러다 보면 반 친구에게 초대를 받아도 그 아이 눈치를 살피게 되고, 가고 싶지 않은 초대에 응해 버립니다.

엄마를 비웃던 친구. 그건 아이다운 잔혹함일 겁니다. 나는 그런 일을 당하고서 수치심을 느꼈지만, 다른 한편으로는 아이들의 생각 없는 행동을 초월적으로 바라보는 면도 마음 한구석에 있었습니다, 역시나, 하는 생각과 함께. 역시 세상은 나의 적이구나. 조금이라도 방심하면 지독한 일을 당하는구나.

만 년 동안 살았던 아이인 내게 아이다움은 필요 없습니다. 어떤 어른보다도 어른스럽고 냉정하고 논리적이며, 세상을 발아래로 내려다보며 관찰할 수 있는 능력이 있으니까요.

만 년 살았던 아이가 살아남는 방법은, 엄마의 망상과 행동을 미리 읽고 세상과 최소한으로 부딪히게 만드는 것입니다. 그 초대에 관해서는 내가 잘못 판단했던 거죠.

나는 반 친구들 중 누구에게도 엄마의 병에 관해 이야기하지 않았습니다. 물론, 선생님에게도. 그들이 조현병을 이해하지 못하리라는 걸 알고 있었기 때문입니다. 정신병은 차별의 대상입니다. 자신은

'미친 사람'이 아니며 '머리가 이상하지' 않고 '정
신 나가지' 않은 쪽에 있는 인간임을 증명하기 위해
서라도 차별하지 않고는 못 배깁니다. 그런 차별은
무의식적으로 이루어집니다. 대화 중에 "그런 짓은
머리가 이상한 사람이나 하는 짓이야"라든가 "그
건 미친 거지!"라든가 "너 정신병자 같아"라는 말
이 나올 때마다 나는 마음이 무너집니다. 아, 이들
은 엄마의 병을 결코 이해 못 하겠구나.

만 년 동안 살았던 아이인 나는 싸울 각오를 합니
다. 엄마에게 정신병이 있다는 사실을 절대 모르게
하고, 이해받으리라고 기대하지도 말자. 내가 세상
과 엄마의 병을 제어해서 차별과 충돌을 피해야 해.
불가능한 일일지라도.

만 년의 아이였던 시절, 실패로 끝날 수밖에 없는
일을 성공하리라 믿고 줄기차게 시도했습니다. 엄
마를 차별하는 세상을 용서하지 못하는 동시에 그
에 굴복했습니다. 세상에게 차별당하는 일이 무서
워서 견딜 수 없었습니다. 모두들 정신병자에게는
정말로 잔혹합니다. 그 잔혹함을 받아들이기 싫어
서 나만은 평범한 척했습니다. 나만은 차별당하고

싫지 않으니까요. 그렇게 내 멋대로 생각했습니다.

차별당하는 일은 정말로 쓰라린 경험입니다. 똑같은 인간으로 인정받지 못하니까요. 눈앞에 있어도 어떤 이야기도 들어주지 않습니다. 괴물처럼 말이 통하지 않을 거라고 여깁니다. 그리고 비웃기 좋은 상대라고 여기죠. 경멸하는 눈으로 봅니다. 그곳에 없는 존재처럼 취급합니다.

차별당하고 싶은 사람은 아무도 없습니다. 하지만 혼자만 차별당하고 싶지 않다고 생각하는 데에 나는 죄책감을 품고 있었습니다. 자신이 차별당하지 않으려고 엄마에게 입술 좀 떨지 말라고 요구하고, 빨리 걸으라고 재촉하고, 살 좀 빼라고 닦달했습니다. 내가 한 짓이 차별과 무엇이 다를까요? 울고 싶었습니다. 차별이 연쇄적으로 일어나고 있었습니다. 그것도 부모와 자식 관계에서. 있어서는 안 될 일입니다. 누군가, 누구라도 좋으니 도와줘. 그런 생각을 했습니다.

하지만 아무도 도와주지 않습니다.

내 어린 시절에 우리 가족의 상황을 이해하고 도와준 존재는 없었습니다. 안심하고 엄마를 맡길 수 있는 사람은 의사와 신흥 종교 사람들뿐이었습니다. 언니는 '미친 사람'의 세계에 틀어박혀 있었고, 세상눈에 부끄럽다는 지각은 전혀 없는 것 같았습니다. 세상이 이상한 거라는 언니의 시각은 옳았습니다. 그렇기에 언니는 내게 그다지 의지가 되지 않았습니다. 오히려 나를 '규범을 신경 쓰는 이상한 아이'로 취급했으니까요. 규범을 신경 쓰지 않아도 괜찮았다면 얼마나 편했을까요?

하지만 만 년 동안 살았던 아이였던 내게는 불가능한 일이었죠.

영감, 이지메,
수업 참관

　초등학교 5학년 때, 선생님과 부모님의 면담 자리가 한 번 있었습니다.

　엄마에게 전달하지 않을 수도 있었지만, 나는 이야기했습니다. 어떤 마음으로 전했는지는 모르겠습니다. 한눈에 병이 있음을 알 수 있을 정도로 엄마의 증상이 심했을 때였습니다.

　"선생님, 우리 아이는 초능력이 있어요."

　면담에서 엄마가 갑자기 이런 말을 꺼냈습니다. 그즈음 엄마는 나를 특별한 아이라 생각했고, 초능력이 있다고 굳게 믿고 있었습니다. 당연히 내게 그런 능력이 있을 턱이 없었죠.

　설마 선생님한테 그런 말을 하리라곤 생각지도

않았던 나는 아연실색했습니다.

"엄마, 나 그런 거 없어."

나는 필사적으로 부정했습니다.

이렇게 속수무책인 상황이라니. 만 년 동안 살았던 아이로서 엄마의 망상과 현실을 제어하고 있었던 나는 겁이 났습니다. 선생님이 뭐라고 대답했는지 기억나지 않지만, 엄마가 평범하지 않다는 건 알아차렸겠죠. 그 자리에서 차별적인 말을 듣지는 않았습니다. 끈질기게 '초능력이 있다'고 주장하는 엄마의 말을 선생님은 어물쩍 빠져나갔던 것 같습니다.

구마야 선생님은 나를 높이 평가해 주었던 선생님이었습니다. 거인이 등장하는 유명한 동화 『산코』를 모티브로 그림을 그렸던 미술 수업에서는 특별히 내 그림을 칭찬하며 아이들 앞에 들어서 보여 주었습니다. 됨됨이가 좋은 아이라고 칭찬을 받았던 기억도 납니다. 다들 선생님이 나를 편애한다고 말했습니다. 어쨌든 학교에서 나는 '우수한 아이'로서 잘 지내고 있었죠. 그곳에서는 만 년 동안 살았던 아이일 필요가 없었습니다. 나의 안식처였습니다.

하지만 구마야 선생님에게 우수한 아이가 아니라는 걸 들켜 버리면서 그 안식처마저도 위태로워졌습니다. 우수한 아이로 지내던 생활이 모두 끝나 버리지 않을까 두려웠죠. 하지만 구마야 선생님은 면담 후에도 '초능력'에 대해 특별히 언급하지 않았습니다.

당시에 나는 조금 이상한 짓을 하고 있었습니다. 초능력 따위 없으면서도 친구들에게는 '영감이 있다'라는 거짓말을 했습니다. '이 나무 밑에서 여자의 기운이 느껴진다'라느니 이런저런 말을 퍼뜨리고 다녔죠. '영감이 있다'라고 말하는 아이가 하나 더 있어서, 별생각 없이 그 아이와 말을 맞추기도 했습니다. 방과 후에는 영감이 느껴진다면서 지어낸 이야기를 떠벌리곤 했습니다.

주목받고 싶었겠죠. 자신을 특별한 아이라고 생각하고 싶었던 겁니다. 모두 내 이야기를 흥미진진하게 들어주어서 무척 자랑스러운 기분이 들었으니까요.

어린 시절의 나는 이야기를 만드는 재주가 있었습니다. 초등학교 2학년 즈음에는 쉬는 시간이 되면 정글짐에 친구 두세 명을 모아 놓고 그 아이들이 등장하는 이야기를 즉석에서 지어서 들려주었습니다. 그 '이야기 모임'은 점점 인기를 얻어, 아이들이 열 명씩이나 모이기도 했습니다.

그때는 가공의 이야기를 만들어 냈지만, 5학년 때에는 정말로 유령이 보이는 것처럼 이야기했습니다.

당시 아이들 사이에서 '곳쿠리 씨'가 유행이었습니다. '곳쿠리 씨'란 강령술의 일종입니다. A4 용지에 일본어 오십음도(일본어의 모음 5자를 세로로, 자음 10자를 가로로 배치하여 음의 조합을 나타낸 표)와 '네 / 아니오' 같은 선택지를 쓴 뒤, 두세 명이 연필 한 자루를 잡고서 "곳쿠리 씨, 곳쿠리 씨, 나와 주세요" 하고 주문을 외우면 곳쿠리 씨가 연필에 강림해서 질문에 답해 준다고 했습니다. 곳쿠리 씨가 제대로 돌아가지 않으면 그에 씐다고, 그래서 죽은 아이가 있다는 소문도 있었습니다. 아이들에게는 긴장감 넘치는 놀이였죠.

그런 아이들 사이에서 '영감이 있다'고 했으니 히어로가 된 겁니다.

사실 나는 그때 누구에게도 해서는 안 되는 짓을 하고 있었습니다. '이지메'입니다. 유메라는 여자애를 석 달 정도에 걸쳐 무시하며, 따돌림의 주도자로 군림하고 있었습니다. 여럿이 모여 놀 때는 유메를 욕하며 똘똘 뭉쳤습니다. 무리 내에서 존재감이 없는 우에마쓰라는 아이를 부하로 삼아 이용해 먹기도 했습니다.

나는 정신병에서는 차별의 피해자였지만, 학급에서는 이지메 가해자였습니다. 자신이 잘못을 저지르고 있다는 의식조차 없었습니다. 나는 영감이 있다고 주목받는 소녀이면서 이지메 주범이기도 했습니다.

그리고 이는 끝을 맞이합니다.

구마야 선생님에게 이런 사실을 들켜 버린 것입니다. 구마야 선생님은 나와 또 한 명, 특히 사이가 좋았던 여자애를 복도로 불러냈습니다.

"너희, 유메를 괴롭히고 있니?"

나는 그 말을 듣고 처음으로 자신이 그런 짓을 해 왔음을 깨달았습니다.

"네."

"친구를 괴롭히는 짓은 하면 안 돼. 확실하게 사과하고 그만두도록 해."

구마야 선생님은 지극히 짧게 주의를 주었습니다. 나는 구마야 선생님 앞에서는 좋은 아이이고 싶었기 때문에 곧바로 유메에게 사과했습니다. 유메는 무슨 이유에서인지 용서해 주었습니다. 그리고 다시 친구로 돌아갔지만, 유메가 어디까지 마음을 열어 주었는지는 모르겠습니다.

어느 날, 참관 수업 공지가 있었습니다.

역시 엄마에게 전할지 말지 망설였지만, 일단 알렸습니다. 그러면서 "안 와도 돼"라고 덧붙였죠.

엄마는 당시, 일을 하는 게 좋겠다는 스기미 선생님의 권유로 커다란 과자공장에서 일하다가 막 해고당한 참이었습니다. 해고 사유는 짐을 나르는 데 써야 할 손수레 위에 올라탔기 때문입니다. 그 공장은 너그러웠던지, 정신장애가 있는 엄마도 고용해 주었습니다. 엄마는 한동안 잠잠하게 일을 했지만, 수레에 타고 싶어 도저히 견딜 수가 없었는지 그냥 올라타 버렸다고 합니다. 해고당한 엄마는 "수레에 타는 거, 재미있었어"라고 내게 자랑했습니다. 철없는 어린아이 같았습니다.

그런 엄마였으니 참관 수업에서도 무슨 짓을 저지르지는 않을까 불안했습니다. 그런데도 왜 말하지 않는 선택지는 고려하지 않았을까요? 아마도 와주기를 바라는 마음도 조금은 있었던 모양입니다.

엄마는 조현병이 있지만, 내게 심하게 대하는 일은 없었습니다. 엄마 나름의 방식으로 확실하게 사랑해 주었습니다. 망상이 심해지더라도 늘 나와 언니를 지키는 방향으로 움직였죠. 그래서 나는 엄마의 사랑을 의심한 적이 없었습니다. 행운이었죠. 엄마는 조현병에 걸려서도 엄마임을 포기하지 않았습니다. 그 점에 관해 나는 절대적인 신뢰를 품고 있었습니다. 다만, 그 사랑의 방식이 문제였을 뿐.

참관 수업 당일, 두근두근 안절부절못했습니다.

엄마가 오면 어쩌나. 내가 말을 했으면서도 불안

했습니다. 늘 누워 있기만 하는 엄마니까 이불 속에서 빠져나오지 못할 거야. 그러니까 안 올 거야.

수업이 시작될 때까지 학교 안을 둘러보았습니다.

이윽고 참관 수업이 시작되었습니다. 엄마가 오지 않은 것 같아 안심하려던 순간, 다른 교실에서 뭐라고 외치는 목소리가 들렸습니다.

좋지 않은 예감이 들어 달려가 보니, 그곳에 엄마가 있었습니다. 엄마는 나를 찾아서 모든 교실을 들락날락하던 중이었습니다.

나는 얼굴에서 불이 날 정도로 부끄러워, 엄마를 끌어당겼습니다. 엄마는 어눌한 말투로 "하루" 하고 불렀습니다. 내가 있는 교실을 안 뒤에도 엄마는 얌전하게 '참관'해 주지 않았습니다. 하지만 선생님들은 엄마를 쫓아내지 않았습니다. 나는 차라리 쫓아내 주면 좋을 텐데, 하고 마음속으로 빌었습니다.

결국 엄마에게 병이 있다는 사실이 온 학교에 알려지고 말았습니다. 가장 우려했던 사태였습니다. 집에서는 만 년 동안 살았던 아이인 내가 유일하게 마음 붙이던 곳이 없어진 순간이었죠. 반 친구들에게 뭐라고 말을 들은 기억은 없습니다. 다만, 모두 하나같이 부자연스러운 침묵으로 일관했습니다. 그건 엄마의 행동이 그만큼 이상했다는 증명 같았습니다.

친구들은 차별적인 언행을 하지 않았지만, 나는 충분히 상처받았습니다. 더는 '평범'한 아이로 있지 못하게 되었으니까요. 만 년의 아이에게는 도망갈 곳이 없어졌습니다. 하지만 그렇게 된 것이 나은 일이었는지도 모릅니다. 나는 학교에서 영감이 있다고 거짓말을 하거나 다른 아이를 괴롭혔습니다. 돌이켜 보면 그때쯤 만 년 동안 살았던 아이로 행세하는 게 버거워지기 시작해, 그 스트레스로 저지른 짓이 아니었을까 생각합니다.

그리고 그즈음, 내 몸에도 이변이 일어났습니다.

눈을 뜨고 싶어도 제멋대로 눈이 감겨 버리는 증상이 덮쳤습니다. 처음에는 뇌신경외과에서 근육퇴행위축증이 의심된다는 진단을 받았습니다. CT와 MRI를 찍은 뒤 "선생님 손을 힘껏 잡아 봐요"라는 말을 듣고 꽉 잡았습니다. 의사 선생님들의 친절함에 안심했지만, 내가 죽을병에 걸린 건 아닌가 두려웠습니다. 근육퇴행위축증은 모든 근력이 쇠퇴하다 결국은 죽는 병으로 알았으니까요. 하지만 신체상으로는 어디에도 이상이 없었습니다. 그래서 정신병을 의심하게 되었죠.

엄마가 당시에 다니던 스기미 선생님의 병원에서 진찰을 받게 되었습니다.

스기미 선생님은 진찰을 독특하게 하는데, 환자와 이야기를 많이 나누지 않습니다. 다만 한눈에 보고 다 알았다는 듯이 "네, 약을 바꿀 테니까 다음에 또 봅시다!" 하고 힘이 넘치는 목소리로 말합니다. 대기실에 생기 없이 앉아 있는 환자들을 향해 마이크로 "네, 다음은 나가노 씨!" 하고 쩌렁쩌렁하게 부릅니다.

어떤 진찰을 받았는지 별로 기억에 남아 있지 않습니다. 그저 "하루는 조증이니까 이 약을 먹도록 해"라는 말을 듣고 끝났습니다. 또한 "하루는 제멋대로구나"라는 말도 들었습니다. 당시에 나는 특히 스기미 선생님에게 제멋대로라는 말을 많이 들었습니다. 잘 기억나지는 않지만 정말 제멋대로였을지도 모릅니다.

125

그때 중학생이었던 언니도 우울증으로 스기미클리닉에 다니고 있었는데, 언니는 제멋대로라는 말을 듣지는 않았습니다. 불만스러웠지만, 내가 자아가 강한 아이였다고는 생각합니다.

눈이 제멋대로 감겨 버리는 것과 조증이 어떤 관계가 있는지 나로서는 끝내 알 수가 없었습니다. 애초에 초등학교 5학년생에게 조증 상태라는 게 있을까 하는 의문이 듭니다. 하지만 그 약을 한 달 정도 먹으면서 상태는 나아졌습니다.

만 년 동안 살았던 아이의 한계점이 시시각각 내게 닥쳐오고 있었습니다.

만 년 동안 살았던 아이란 어려서부터 가혹한 상황에 쫓겼을 때 폭발하는, 생명에 구비된 프로그램과도 같습니다. 누구나 지니고 있습니다. 계속 살 수 있도록 신이 부여해 주는 것이니까요. 하지만 한정 없이 이어지지 못합니다. 절박한 상황에서 어쩌다 발휘한 초인적인 힘을 계속 유지할 수 있는 사람은 없으니까요.

힘을 잃은 대가는 큽니다.

어린 시절을 어린아이로 살지 못하고 누구보다도 어른으로 산다는 건, 바꿔 말하면 영원히 아이라는 의미입니다. 아이에서 어른으로 성장할 시간을 갖지 못했으니까요. 나는 이후의 인생을 줄곧 그 대가를 치르며 살게 되었습니다.

만 년의 아이를
그만두었을 때

우주의 나이는 137억 년이라고 합니다. 그렇다면 신의 나이도 137억 살일까요?

137억 년이라는 시간에 비하면, 신의 아이로 살았던 만 년의 아이의 시간은 아주 미미했습니다.

나는 줄곧 신으로서 살아왔습니다. 이는 신이 엄마를 잃은 것이나 다름없는 나를 너무나도 사랑한 나머지 부여해 준 능력이었습니다.

신은 모든 아이를 만 년의 아이로 만들 수 있습니다. 특히 힘겨운 상황 속에 있는 아이들의 의식을 1년, 2년 단위의 시간 축에서 만 년이라는, 영구히 흐르는 시간의 의식으로 이끌어 지켜 줍니다.

그런 아이들은 실제로는 잘해야 불과 백 년 정도 살 뿐인데도 만 년 동안 살아갈 요량으로 서른 살, 마흔 살 먹은 어른들의 지독한 행동에도 자비를 베풀 수 있게 됩니다. 이는 아이들의 생명을 강하게 만들어 주기 위해 신이 내려 준 능력입니다. 인간은 보호해 줄 어른이 없으면 혼자 살아가지 못하도록 태어납니다.

하지만 신은 모든 아이에게 보호해 줄 어른이 있는 건 아니라는 사실 또한 잘 압니다. 보호받기는커녕 아이가 어른을 보호해야 할 때도 그를 위해 힘을 내려 줍니다.

아이를 보호해 주지 못하게 된 어른은 예전에 보호받지 못했던 아이이기도 했습니다. 생명은 그렇게 염주처럼 되풀이되고 연결됩니다.

신은 어른도 아이도 함께 지켜 주려고 합니다. 하지만 그것도 얼마 안 가 끝나 버립니다. 폭발적인 힘은 오래 지속되지 못합니다.

다다미 여섯 장 넓이(약 $10m^2$)의 작은 거실에서 즐거워하는 언니와 엄마의 목소리가 들립니다.

나는 예전에 거실로 썼던, 조금 더 넓은 옆방에서

그 소리를 듣고 있었습니다. 지금은 내 방입니다.

엄마는 100호짜리 커다란 그림을 그릴 때, 거실과 방을 맞바꾸었습니다. 그러다가 그림을 그리던 도중에 환청을 듣기 시작해 정신병원에 입원했죠. 예전에 거실이었던 방은 그대로 몇 년이나 방치되어 있었습니다. 우리 집은 2층 단독주택이지만, 개인 방이라고 할 만한 곳이 1층에 있는 다다미 여섯 장짜리 방과 그보다 조금 더 큰 방밖에 없었습니다. 가족은 2층에 있는 별도의 다다미방 두 칸을 터서 이불을 나란히 깔고 잠을 잤습니다. 그게 싫어서 초등학교 6학년이 끝날 즈음, 방치되어 있던 공간을 혼자서 정리해 내 방으로 삼았습니다.

중학교 1, 2학년 무렵이었을 겁니다. 내 손은 커터를 쥐고 있었습니다.

커터의 칼날을 손목에 살짝 대고 그어 상처를 내보았습니다. 고양이가 할퀸 듯한 흉터가 났습니다. 그런 짓을 몇 번이나 반복했습니다.

외롭다. 그런 기분이었던 것 같습니다.

나는 가족 안에서 소외감을 느끼고 있었습니다.

언니와 엄마는 무척이나 사이가 좋았지만, 나는 그렇지 않았죠. 가족, 아니, 엄마와 언니 그리고 나 사이의 문제였습니다. 나는 엄마에게 사랑받지 못하고 있는 게 아닐까 생각하기 시작했습니다. 만 년 동안 살았던 아이 시절에는 의심하지 않았던 엄마의 사랑을 언니와 비교하면서 저울질하기 시작했습니다. 아니, 엄마의 사랑 운운은 핑계였을지도 모릅니다. 내게 어떤 한계가 다가오고 있었습니다.

고등학생이 된 뒤부터 본격적으로 정신과에 다니기 시작했습니다. 증상이 어땠는지, 지금에 와서는 잘 모르겠습니다. 다만, 이미 초등학교 5학년 때부터 향정신성 약을 빠뜨리지 않고 먹었습니다.

스기미 선생님이 돌아가신 뒤, 언니를 포함한 우리 모녀는 오하라 선생님이 운영하는 인근 정신의학과에 다녔습니다. 선생님이 이야기를 잘 들어준다는 평판이 있었습니다. 기독교인이었던 오하라 선생님은 마더 테레사를 존경해서 직접 만나러 가기도 했다는, 환자를 무척 생각해 주는 의사였습니다.

보통 정신의학과의 상담은 10분이면 끝났지만,

오하라 선생님은 환자의 이야기를 한 시간이라도 들어주었기 때문에 항상 대기 시간이 길었습니다. 그런데도 환자들은 언제까지라도 기다렸죠.

나는 때를 기다리고 있었던 모양입니다.

엄마의 증상이 잦아들어서 내가 폭발해도, 제멋대로 행동해도 될 때를. 나는 스기미 선생님에게 '제멋대로'라는 진단을 받았지만, 진정한 의미에서 자신을 위해 살고 있지는 못했습니다. 그래서 고등학생 시절의 나는 엉망진창이었습니다.

양쪽 손목에 심각한 자해를 하고서 오하라 선생님의 병원으로 뛰어갔습니다.

"선생님, 아파요."

사실은 엄마에게 아프다고 말하고 싶었지만 하지 못했습니다. 사실은 사회를 향해 나는 아프다고, 상처받았다고 말하고 싶었지만 하지 못했습니다.

자해는 내가 이 정도로 상처를 받았다는 유일한 표현 방법이었습니다. 내 고통을 가시화하는 방법이었죠. 그러지 않으면 사람들은 알아차리지 못하니까요.

나는 만 년의 아이로 사는 동안 계속해 온 투쟁으로 나도 모르게 큰 부상을 입고 있었던 겁니다.

자해 따위 그만하라고 쉽게 내뱉는 사람도 있지만, 그런 말을 하기 전에 마음속 괴로움을 달리 표현할 방법부터 알려 주어야지요. 아니면 내 이야기를 진심으로 잘 들어주기라도 하든지요.

"심각하네요. 많이 아프죠?"

오하라 선생님은 내가 듣고 싶은 말을 해 주었습니다. 전문가니까 당연했겠죠. 나는 당시에 오하라 선생님을 의지하면서 동시에 적대시했습니다. 오하라 선생님은 직업적으로 나를 보살펴 줄 뿐, 의사가 아니었으면 거들떠보지도 않았을 거라는 말을 집요하게 했죠.

정말로 나를 사랑해 주는가 하는 확인 행위였습니다. 서투른 방법이었지만, 선생님에게는 확실히 전달되었다고 생각합니다. 나를 좀 봐 달라는 외침이. 오하라 선생님은 "나는 하루 양을 무척 걱정하고 있어요"라고 몇 번이고 말해 주었습니다. 하지만 나는 그 말을 온전히 믿지 못했습니다. 다 의사니까 하는 말이라고 반발했죠. 의사로서가 아니라, 한 인간으로서 자신을 사랑해 주는지 아닌지 시험하고 있었습니다. 그래서 병원에 뻔질나게 드나들었습니다.

만 년 동안 살았던 아이였던 나는 건강하게 성장하지 못했습니다. 절박한 상황에서 초인적인 힘을 발휘해 어린 시절을 지나왔지만, 도중에 힘이 소진해 버렸습니다. 그때부터 지금까지 만 년 동안 살았던 아이 시절의 후유증으로 고통스러워하며 살고 있습니다.

여덟 살부터 열여섯 살까지 8년 동안, 나는 혼자서 땅에 발을 딛지 못했습니다. 내가 자신을 누구보다 어른이며 신에 가까운 존재로 보기 시작했을 때, 나는 나이기를 그만두었던 것입니다.

2부

평생
만
년을
살았던
아이

인생 전체가
후유증

　지금 내가 하고 있는 일은 과거의 조각들을 주워 모으는 작업과 비슷합니다. 여기저기에 점점이 떨어져 있는 것들을 주워서 선으로 연결해 나가는 거죠. 기억이 어렴풋해진 부분도 많이 있습니다. 특히 내가 중·고등학생이었던 시절의 엄마에 대한 기억이 별로 없습니다.

　고등학교 시절은 특히 힘들었습니다. 중학생 때까지는 나름대로 공부도 잘했고 그럭저럭 모범생이었습니다. 그런데 고등학교 2학년 때 유급을 하면서 단숨에 와해되고 말았습니다.

　내 인생은 거의 대부분이 '만 년 동안 살았던 아이' 시절의 후유증입니다. 언제나 엄마의 조현병과 세상 사이를 조정하는 역할을 하며, 모든 일은 내가 제어하기 나름이라고 생각했죠. 하지만 그건 엄청난 환상이었습니다.

내가 제어할 수 있는 일 따위는 아무것도 없었습니다. 타인을 대등한 인간으로 보지 않는 오만한 생각이었죠. 하지만 어린 시절의 나는 그런 생각이 오만한 줄도 몰랐습니다. 아니, 오만한 줄 알았다면 살아남지 못했겠죠. 신은 내 오만을 허락해 주었습니다. 덕분에 그저 어린아이에 불과한 여덟 살짜리가 누구보다 어른이라는 의식을 손에 넣을 수 있었습니다.

엄마를 차별하는 어른들과 아이들을 불쌍하게 여기고 깔보았습니다. 차별을 하다니 얼마나 지독한 인간이냐며 발아래로 보았습니다. 오만이었습니다. 신에게 선택받은 아이라는 자부심이 있었습니다. 나는 누구보다 어른이며, 자비롭고 지혜롭다고요. 하지만 모두 착각이었습니다. 가혹한 환경을 살아 내라며 신이 여덟 살짜리인 나에게 머물러 주었기에 가능했던 재주였죠. 나는 여덟 살부터 열일곱 살까지 9년 동안 신에게 업혀서 살아왔다고 생각합니다.

그러다 열일곱 살에 처음으로 땅 위로 내려왔습니다. 스스로 설 힘이 없었습니다. 당연합니다. 계속 업혀 있었으니까요. 그때부터 내 인생은 스스로 발 딛고 설 힘을 되돌리는 싸움이었습니다. 이전과 똑같이 걷는 것은 불가능했습니다. 한번 설 힘을 잃어버렸으니 지팡이가 없으면 걷지 못했죠. 그런 상태는 평생 지속되었습니다.

열일곱 살이었던 1996년 1월, 나는 오하라 선생님에게 처음으로 진찰을 받았습니다.

고등학교 1학년 여름방학까지는 평범하게 생활했습니다. 그런데 2학기에 접어들자 학교에 가기 어려울 정도로 몸 상태가 나빠졌습니다.

아침만 되면 과호흡 증상이 나타났습니다. 그때부터 컨디션은 계속 떨어져, 피곤하고 메슥거리고 설사를 하고 몸이 축 늘어지고 진땀이 나고 덜덜 떨리는 데다 복통에 두통, 불면증까지, 온갖 증상이 나타나기 시작했죠.

이 책을 쓰면서 당시 내 모습이 어떠했는지 알아

보려고 오하라 선생님을 방문했습니다. '만 년 동안 살았던 아이' 이후의 모습을 알고 싶어서였지요.

오하라 선생님은 72세가 되었습니다. 심장에 큰 수술도 받으셨고 클리닉을 닫을 결심도 한 번 하셨다고 합니다. 그럼에도 진료 시간을 오전으로 제한해서 환자들을 계속 만나고 계셨습니다. 오후까지 진료를 보면 서류 작업이니 뭐니 해서 한밤중에 일이 끝나는 경우가 많다더군요.

진료를 받기 위해서가 아니라 당시의 모습을 물어보기 위해 선생님을 방문해도 괜찮을까 하고 걱정했지만, 클리닉에 전화해 보니 "차트는 남아 있어요. 보험증을 들고 오세요" 하고 간호사 선생님이 친절하게 응대해 주었습니다.

나는 전철을 타고 본가 근처의 오하라클리닉을 방문했습니다.

대체 엄마에게 얼마나 잔인한 말을 한 기록이 나올까? 가슴이 쿵쾅거렸습니다. 엄마한테 심한 행동도 하지 않았을까? 그런 걱정이 마음속에 가득했습니다. 나와 엄마는 걸핏하면 싸웠고, 엄마도 자주 소리를 지르곤 했으니까요.

"선생님, 제가 그때 엄마에 대해서 어떻게 이야기했죠? 저는 고등학교 때 어땠나요?"

오하라 선생님은 마지막으로 만났을 때와 변함없이 쾌활하게 웃는 얼굴로 대답했습니다.

"하루 양은 현명하고 센스도 있고 귀여웠어요. 어머니의 병세를 걱정하면서 언니와의 사이에 끼어 있었죠. 아버지는 열외여서, 나가노 가족은 어머니, 언니, 하루 양이 삼각형의 소용돌이를 이루고 있었어요. 하루 양은 어머니를 다른 집 어머니들과 비교하면서 부정하고 갈등을 느끼는 것 같았고요. 부정과 긍정을 번갈아 느끼고 있었습니다. 조현병이 있는 어머니 곁에서 자랐지만 섬세한 예술적 재능도 보여 주었으니까, 플러스마이너스 제로네요."

그 말을 듣고 믿을 수가 없어서, 그렇다면 엄마에게 잔인한 말을 했다는 내 기억은 어디에서 온 걸까 혼란스러웠습니다.

나는 확실히 엄마에게 반항했습니다. 그 기억만은 생생하게 떠올랐습니다.

눈 딱 감고 엄마에게 물어보았습니다.

"고등학교 때 나 어땠어?"

"즐거워 보였지. 머리도 다양한 색으로 염색하고."

"유급도 했잖아."

"아, 그런 일도 있었네, 잊어버리고 있었는데. 아침에 일어나는 걸 힘들어했으니까."

엄마의 기억 속 나는 반항한 적도 없고, 건강하고 활발하게 지냈던 모양이었습니다. 기억이란 그런 식으로 바꿔치기 되는 걸까요?

열네 살 때부터 스물서너 살까지 일기를 썼습니다. 하지만 기억을 확인하는 데 일기는 전혀 참고가 되지 못했습니다. 오늘 무슨 일이 일어났는지, 무엇을 먹었는지 전혀 쓰여 있지 않았습니다. 무슨 주문 같은 철학적 명제에 대해 의미 불명의 논리나 펼치고 있을 뿐이었습니다.

내가 '만 년 동안 살았던 아이'를 그만두었을 때 덮쳐 온 것은 신체적인 컨디션의 저하였습니다. 한계에 도달한 내 마음은 일기장에조차 언어화하지 못했죠.

나는 고등학생 시절, 엄마의 조현병에 대해 언어화해서 표현할 수단을 단 하나도 갖지 못했습니다. 등교를 거부하는 아이가 "배 아파서 학교에 가기 싫어"라고 말하듯이, 나 또한 표현의 수단으로 신체적인 문제들을 겪으며 '만 년 동안 살았던 아이' 이후를 살았습니다.

고등학교에서 유급을 했을 때는 몸 상태가 나빠서 늘 잠만 잤습니다. 그러지 않을 때는 갑자기 영업 사원이 들고 다닐 법한 트렁크에 필요한 물건을 쑤셔 넣고 하루 종일 강변을 왔다 갔다 하기도 했습니다. 제 딴에는 가출할 작정이었지만, 밤이 되면 집에 착실히 돌아갔기 때문에 낮 동안 집에 없는 걸로 끝나 버렸죠.

내가 만 년 동안 살았던 아이를 그만둔 뒤, 증상이 어느 정도 완화된 엄마는 이제는 나를 극도로 걱정하기 시작했습니다. 내가 조금이라도 집에 늦게 오면 바로 전화를 걸었죠.

그 빈도가 심상치 않았습니다. 전화를 연달아 여덟 번이나 건 적도 있었습니다. 사춘기 딸이 있는 부모는 다들 그러는지도 모르겠지만, 나는 난처해서 엄마의 전화를 절대로 받지 않았습니다. 걱정에 빠진 엄마를 귀찮게 생각했는지도 모릅니다.

하지만 한편으로 엄마는 내가 화려하게 꾸미고서 외출하면 "멋있어!" 하며 누구보다 좋아했습니다. 엄마의 눈에는 금발도, 미니스커트도, 통굽 부츠도 멋있어 보였던 모양입니다.

내가 고교 시절을 보낸 1990년대에는 미니스커트에 통굽 부츠가 유행이었습니다. 돈도 없으면서 친구들과 밤에 놀러 나갔다가 아침에 돌아오고는 했는데, 택시비가 없어 통굽 부츠를 신고 역까지 40분이나 걸어 다녔습니다.

컨디션 저하로 제대로 일어나지도 못하면서 밤에는 불쑥 놀러 나가다니. 그 정도로 엉망진창이었습니다. 뭔가 하지 않으면 안 된다고 초조해하면서 아무것도 하지 않았고, 아무것도 하지 않으면서 차분하게 쉬지도 못했습니다. 죄책감이 솟구쳤으니까요. 그래서 저녁 무렵이면 밖으로 나가 여기저기 쏘다녔습니다.

'만 년 동안 살았던 아이'였던 시절의 '후유증'이라고 썼지만, 사실 나는 여전히 '만 년 동안 살았던 아이'입니다. 치열하게 살았던 아이 시절부터 무기력했던 고교 시절, 그리고 맞붙어 싸우면서도 평온한 척 살아가는 현재까지, 나는 평생 '만 년 동안 살았던 아이'입니다.

'만 년 동안 살았던 아이'의 후유증, 또는 지금도 '만 년 동안 살았던 아이'라는 건 어떤 상태일까요?

예를 들자면 나는 타인의 기분이 신경 쓰여 견디질 못합니다.

엄마의 조현병 망상과 현실 세계의 조정 역할을 멋대로 짊어졌던 나는 엄마의 기분을 완벽하게 이해한다고 생각했습니다. 누구보다도 엄마의 마음을 이해하고, 망상을 이해한다는 자부심이 있었습니다. 그런 생각은 지금까지도 위력을 발휘하고 있습니다.

나는 시간제 노동자로 주 3일, 하루 5시간의 사무 업무를 했습니다. 늘 상사의 기분이 신경 쓰여 조바심쳤습니다. "네"라는 한마디에도 '날 싫어할지도 모른다'라든가 '아까 한 실수 때문에 불쾌한 게 틀림없어'라는 생각에 전전긍긍했죠.

'만 년 동안 살았던 아이' 시절에 키워진 '엄마의 기분을 살피는' 능력이 폭주한 것입니다. 멈추질 못 했습니다. 지금 다니는 자조 모임에서 "그건 망상이야"라고 지적받기 전까지는 그게 옳다고 철석같이 믿었습니다. 나는 망상에 무력합니다. 무력함을 인정하고 자조 모임 동료에게 "또 상사의 기분이 신경 쓰여서 못 견디겠어요"라고 이야기함으로써 현실을 자각합니다.

'만 년 동안 살았던 아이'란 현실과 괴리된 상태를 사는 존재입니다.

여덟 살짜리 아이가 조현병 망상에 휘말린 엄마를 위해 무엇을 할 수 있었을까요? 아무것도 못 합니다. 어른이라 해도 할 수 있는 일이 없습니다. 그럼에도 나는 '나라면 뭐든 할 수 있어. 노력하면 이 위기를 피할 수 있어' 하고 힘을 돋우는 주문을 외며 그 자리를 극복해 냈다고 생각했습니다. 하지만 현실은 엄마가 망상에 따라 행동하는데도 그저 쫓아가는 데 급급했을 뿐입니다. 현실을 올바르게 볼

능력을 잃어버렸죠. 정확히 말하자면 살아남기 위해 상실했던 거라고 할까요.

그래서 지금도 현실을 보는 힘이 약합니다. '만에 하나, 무슨 일이 일어나면 어쩌지' 하는 두려움에 쉬이 사로잡힙니다. 어린 시절에는 엄마가 경찰서에서 보호받고 있거나 한밤중에 갑자기 뛰쳐나가는 형태로 그런 염려가 현실화되었습니다. 지금은 그런 일은 일어나지 않습니다. 그럼에도 '만에 하나'에 대비하겠다며 튀어나오는 능력은 사라지지 않습니다.

아마도 나는 평생 '만에 하나'를 걱정하며 살아가겠죠. 그때마다 '정말로 일이 일어나면 고민하자'라고 되뇌겠죠.

엄마와 일

    엄마는 내가 고등학생이 될 즈음에는 열심히 일을 하고 있었습니다. 하지만 늘 비정규직이었습니다. 정사원으로 일한 경험은 없습니다. 공장 작업자, 청소부, 중화요리점 홀 서빙, 화장품 방문 판매원, 액세서리 가게 점원, 포목전 점원…… 다양한 일을 전전했습니다.

    청소부를 할 때는 해상출입화물 컨테이너가 오가는 다이고쿠 부두에 새벽 5시부터 버스를 타고 나가서 공장을 청소했습니다. 그곳은 예전에 엄마가 일본화 대작을 완성하겠다는 마음을 먹고 다리가 생길 때까지의 과정을 스케치하던 곳입니다. 다리는 벌써 다 완성되었습니다.

엄마는 졸음을 참으며 출근했습니다. 일은 오전 중에 끝납니다. 청소부라서 사람이 없을 때 일을 해 두어야 합니다. 지금도 "청소부 일을 하면서 많이 벌었어"라고 말합니다. 당시 청소부 일의 시급이 특별히 좋았다기보다는, 처음으로 돈을 손에 쥐어 보았던 기쁨을 말하는 거라 생각합니다.

화장품 방문 판매 일을 할 때는 파란색, 붉은색, 초록색 등의 화려한 정장을 여러 벌 사서 매일같이 바꾸어 입고 나갔습니다. 역 앞에 있는 '다키'라는 편집숍이 마음에 든다며 점장과 친해져서 이것저것 쇼핑을 했습니다. 커다란 아이섀도 팔레트, 메이크업베이스, 파운데이션 등이 잔뜩 든 화장품 상자를 들고 엄마와 언니는 일하러 갔습니다. 언니는 정신장애가 생기면서 대학 입학시험을 보지 못했고, 엄마와 같이 일을 하고 있었습니다. 언니는 정신장애가 생기기 전까지는 도쿄대도 합격할 수 있을 정도로 공부를 잘했습니다. 하지만 그렇게 영리한 머리와 학습 능력은 화장품 판매 능력과 별 상관이 없어 돈을 버는 데에 보탬이 되지 않았습니다. 화장품 판매는 우선 화장품을 모두 매입한 다음 손님에게 팔아서 이익을 챙기는 구조였습니다. 겉보기에는 화려하게 보여도 내실은 그렇지 않았습니다.

엄마는 아직 삼십대 후반이었고 무척 예뻤습니다. 내가 예전에 엄마에게 바랐던 대로 살도 빠졌고 평범하게 보였지만, 나는 왠지 안심할 수가 없었습니다. 엄마가 예뻐지긴 했지만 그림을 그리지 않으니, 어딘지 마음이 불편했던 겁니다. 나는 엄마가 그림을 그린다는 사실에 얼마간 자부심을 느끼고 있었던 모양입니다. 엄마는 그림 실력이 뛰어났으니까요. 하지만 마치 그런 건 다 잊어버렸다는 듯이 행동하고 있었습니다.

엄마는 이제 조현병의 그림자는 손톱만큼도 느낄 수 없는 모습으로 살고 있습니다. 입술도 떨리지 않고 다이어트에도 성공했습니다. 튀어나왔던 배도 쑥 들어가, 작은 사이즈의 기성복을 입습니다. 하지만 여전히 약은 먹고 있습니다.

엄마는 그림을 그리지 못하는 걸 남몰래 괴로워하는 듯했습니다. 내가 2층 거실-예전에 100호짜리 그림을 그리려고 준비하다가 발병 후 시간이 멈춰 버린 그 방-을 정리하려 들 때도 좋아하지 않았습니다. 나는 내 방이 갖고 싶어서 필사적으로 정리했지만, 엄마는 몇 번이나 내게 "그림은 언젠가 다시 그릴 테니까 버리지 말았으면 좋겠어"라고 말했죠.

나는 그때 엄마가 그리다 만 그림의 가치를 무시했습니다. 결국은 그만뒀잖아, 하며 꿈이 깨졌다고 생각했죠. 수학을 좋아하는 아빠도 슈퍼마켓 점장을 하면서 휴일에나 수학 공부에 시간을 할애하고 있었습니다. 아직 어렸던 나는 아빠가 대학교수가 되고 싶었을 거라고 멋대로 생각했지만, 실제로 그렇지는 않았습니다. 하지만 엄마가 일본화가를 꿈꾸었던 것은 진짜였습니다.

"나에겐 보석을 빻아서 만든 물감이 액세서리나 다름없어"라고 말했던 엄마가 액세서리를 척척 사들이기 시작했습니다. 나는 슬펐습니다. 엄마는 그림을 액세서리와 바꾼 거겠죠.

엄마는 수면제를 먹어도 잠들지 못하는 날에는 옷장에서 액세서리를 꺼내어 바라보곤 했습니다. 2층 세면대 옆에 있는 수납장의 두 번째와 세 번째 서랍이 엄마의 액세서리 보관함이었습니다. 금시계, 여러 보석으로 만들어진 귀고리, 진주, 산호 목걸이, 국화 문양을 조각한 반지, 대모갑 머리장식, 고급 나무빗, 다양한 굵기와 모양의 금목걸이. 엄마에게는 지극히 행복한 시간 같았습니다.

하지만 나는 그런 엄마의 모습을 좋아하지 않았습니다. 엄마의 그림도 싫어졌습니다. 어쨌든 좌절한 예술가가 아니냐며 바보 같다고 생각했죠. 그리고 나는 절대로 좌절하지 않고 소설가가 되리라 마음먹었습니다.

엄마는 액세서리를 사려고 사채로 돈을 빌리기까지 했습니다. 처음에는 사채를 쓰더라도 아르바이트를 해서 갚았던 것 같습니다. 그런데 아르바이트 일을 못 하게 되면서 돈을 구하기가 곤란해졌습니다.

"어머니 계십니까?"

또 사채업체에서 전화가 왔습니다. 나는 엄마에게 수화기를 건네었습니다. 엄마는 작은 목소리로 "이번 달은 힘들어요. 만 엔이라면 어떻게든 다음 달에 갚아 볼게요"라는 말을 하곤 했습니다.

엄마가 하는 일은 죄다 저임금 아르바이트여서 그리 오래 지속되지 못했습니다. 길어 봐야 1, 2년 정도였죠.

엄마는 전당포에 드나들기 시작했습니다. 애초에 액세서리도 새 제품이 아니라 전당포에서 산 것들이었습니다. 전당포에서 금은 꽤 돈이 됩니다. 잔뜩 있었던 액세서리는 차례차례 전당포에 팔렸고, 보관함은 빈 상자가 되었습니다. 내가 중·고등학생이던 시절에 멋을 내고 외출할 때면 엄마는 자신의 액세서리를 빌려주곤 했습니다. 어느 날, 액세서리가 있었던 서랍을 열었다가 빈 상자밖에 없어 서글픈 기분에 사로잡혔던 순간을 나는 잘 기억하고 있습니다. 나중에 엄마가 얘기해 주었는데, 엄마는 내 방송대학 학비도 전당포에 액세서리를 팔아서 마련했다고 합니다. 나는 그런 것도 모른 채, 과목을 신청할 수 있는 만큼 다 신청해서 공부했습니다. 그때 방송대학은 내 삶의 보람이었습니다.

엄마는 십 년이며 이십 년이며 아무리 시간이 흘러도 다키에서 산, 더는 입을 수 없는 정장만큼은 버리지 않았습니다. 방이 제대로 정리가 안 되니 버리라고 해도 "언젠가 입을지도 모르잖아"라고 말합니다. 그런 날은 두 번 다시 오지 않는다는 걸 나는 알고 있습니다.

그밖에도 나는 엄마를 혼란스럽게 만드는 짓을 했습니다. 식탁 옆에 정신과 약이 든 비닐봉지가 산더미처럼 쌓여 있었는데, 내가 이제 필요 없는 약은 버리겠다며 멋대로 정리한 적도 있었습니다. 엄마는 무척 화를 냈습니다. 당연합니다. 특히 정신과 약은 종류가 많아 헷갈리기 쉬우니 엄마가 함부로 만지지 말라고 했으니까요.

그때는 엄마가 일을 하고 있지 않았지만, 조현병 증상이 잦아들었던 때라 누가 약에 손대는 걸 유독 싫어했습니다. 나는 그저 버릴 건 버리고 남길 것만 남기면 된다고 단순하게 생각했지만, 그런 판단을 쉽게 해서는 안 되죠. 만에 하나라도 다시 증상이 나타날 때를 대비해서 약을 받아 두려는 사람도 많습니다. 지금은 복약 관리를 위해 약국에서 하루치의 약을 팩으로 각각 정리해 주는 서비스도 있지만 당시에는 없었으니, 엄마는 당황스러웠겠죠.

나는 만 년의 아이로 산 뒤, 엄마와 일심동체였던 상태를 벗어나면서 엄마를 제대로 이해하지 못하게 되었습니다. 엄마에게 내 가치관을 밀어붙이기만 했습니다.

엄마는 전기제품 사용에 무척이나 서툴러서 욕탕의 온수기 스위치도 쉽게 조작하지 못했습니다. 만에 하나 넘치면 어떡하나 하는 생각에 스위치를 못 누르겠다고 했습니다. 그런 일은 일어나지 않으니까 '끓임'이라는 스위치와 '탕을 채움'이라는 스위치를 누르기만 하면 된다고 설득했지만, 귀 기울여 듣지 않았습니다. 어째서 저렇게 간단한 조작도 못할까 하고 생각했죠. 하지만 지금은 그런 게 어려우면 내가 대신 눌러 주면 된다며 이해합니다.

엄마는 내가 고등학교를 4년째 다닐 즈음(나는 고등학교 한 해를 유급했습니다)에는 이미 아르바이트를 하러 다니지 않았습니다.

하지만 엄마는 걸핏하면 '다시 일하고 싶다'고 내게 말했습니다. 일하고 싶으면 구인 공고를 살펴보고 이력서를 쓰고 면접에 가야 합니다. 왜 엄마가 그렇게 해서 일을 시작하지 않을까, 나는 의아하게 여기지도 않았습니다. '일하고 싶다'는 건 말뿐, 사실은 '일하고 싶지 않은' 거라고 내 마음대로 단정 짓고는 "그럼 이력서를 쓰면 되잖아" 하고 쌀쌀맞게 받아쳤습니다.

나는 예전에 일을 했지만 지금은 하고 있지 않습니다. '일하고 싶어, 하지만 할 수가 없어, 일 안 해도 되지 않을까, 뭐가 문제야' 하면서 일에 대해 오락가락 복잡한 생각을 품은 채 살아가고 있습니다. 그즈음의 엄마도 그런 마음이지 않았을까요.

조현병을 안고서 일을 하기란 무척 힘듭니다. 조현병 약은 운동 기능을 빼앗고 머릿속에 아지랑이가 낀 듯 사고를 어렵게 만든다고 엄마에게 들었습니다. 약으로 십 년에 걸쳐 증상을 완화시키는 동안 엄마는 그림을 그리지 못하게 된 것입니다. 스기미 선생님은 정신장애인도 일을 해야 한다는 방침을 지닌 의사였습니다. 엄마는 그에 따랐죠. 확실히 아무런 할 일도 없고 다른 사람들에게서 고립되어 집에만 있는 것보다야 일을 하는 쪽이 좋으리라 생각합니다. 하지만 일을 한다는 게 무척 힘들다는 사실도 엄마는 느꼈겠죠. 일을 해서 돈을 벌고 싶지

만…… 하며 갈등의 한가운데에 있었던 엄마를 나는 '결국 말뿐이겠지'라고 생각하며 전혀 상대하지 않았습니다.

아마도 열여섯, 혹은 열일곱 살 무렵일 겁니다. 나는 만 년 동안 살았던 아이 시절의 후유증으로 온몸의 상태가 이상해졌습니다. 과호흡에 빠져 혼자서 구급차를 부르고는 집 앞에 웅크리고 앉아 있었는데, 구급대원은 "과호흡이면 집에 있어도 괜찮아요"라는 말을 하더니 그대로 가 버렸습니다. 나는 도움을 받고 싶었습니다. 구급차에게라도.

그런 상태였으니 엄마에게도 물론 도움을 구했습니다. 엄마는 엄마 나름대로 사랑해 주었지만, 내가 바라는 도움은 아니었습니다.

고등학생이 되면서 초등학교 시절처럼 끼니를 챙기기가 곤란하거나, 이웃들에게 미움을 받거나, 학교 행사에서 난처한 일은 없어졌지만, 나는 여전히 괴로워하고 있었습니다. 아니, 괴로워하지 않으면 안 되는 상태였죠. 만 년의 아이로 버텼던 삶이 오작동을 일으키기 시작해, 주변은 정상적으로 돌아가기 시작하는데 내가 적응하지 못했습니다. 나만 만 년 동안 살았던 아이의 규칙 속에 살고 있었으니까요. 여전히 세상과 병 사이에서 이리저리 피해 보려고 엄마를 조정하고 있었습니다. 하지만 엄마에게 이제 그런 도움은 필요 없었습니다.

나는 자신이 점점 무너져 가고 있음을 느꼈습니다. 다른 사람의 기분을 지나치게 신경 쓰는 것이 대표적인 예입니다. 다른 사람을 기분 좋게 만들어 주지 못하면 살 가치가 없다고까지 생각했죠. 그래서 엄마의 기분은 변함없이 신경이 쓰였습니다.

엄마는 평범한 사람처럼 보이게 되어서도 여전히 한 달에 한 번은 어떤 일로 느닷없이 소리를 지르곤 했습니다. 그 상대는 아빠이거나 언니이거나 나였죠. 그때마다 겁을 먹고 어떻게든 엄마를 진정시키려 고군분투했습니다. 그런 분투가 쓸모없는 줄도 모른 채.

또한 우울증에 걸린 언니의 기분도 신경이 쓰이기 시작했습니다. 언니는 엄마와 나, 셋이서 어딘가로 외출을 하다가도 갑자기 말문을 닫고 표정이 어두워지는 경우가 있었습니다. 나는 언니의 기분을 헤아리려고 "왜 그래?"라고 묻지만, 언니는 입을 열지 않습니다. 그러면 외출 계획은 어그러지고, 셋이서 말없이 집으로 돌아갔죠.

나는 만 년의 아이였던 시절을 어떻게든 버텨 냈지만, 다른 사람의 기분에 휘둘리느라 그 뒤의 인생은 편안해지지 못했습니다.

여자 친구들

　요코네 집에 울면서 전화를 걸어, 거기 가서 자도
되냐고 물었습니다. 가장 가까운 역의 공중전화 부
스였습니다. 1990년대였던 당시에는 아직 휴대전
화가 없었고, 기껏해야 삐삐였죠. 공중전화가 거리
여기저기 있던 시절이었습니다.

　엄마와의 싸움이 원인이었지만, 왜 그렇게 되었
는지 지금은 기억나지 않습니다. 다만, 집을 뛰쳐나
와서 다시는 돌아가고 싶지 않다고 생각했던 것만
똑똑히 기억납니다. 계절은 가을이었습니다. 요코
네 엄마는 "집에 전화하면 와서 자도 돼" 하고 친절
하게 대답해 주었습니다. 그날 갈 곳이 없었던 나는
요코네 집에서 묵었습니다. 그즈음에는 아직 요코

와 특별히 친하지도 않았습니다. 하지만 친해지기를 바라고 있었죠.

요코는 내가 고등학교 1학년 때 사랑했던 친구입니다. 내 앞자리에 앉았습니다. 뒤를 돌아보면서 프린트를 건네주었을 때 그 귀여움에 한눈에 반해 버렸습니다. 그래서 애써 말을 걸었고, 친구가 되어 각자의 집 전화번호를 교환하는 데까지는 성공했습니다. 하지만 울면서 재워 달라고 부탁할 정도로 친하지는 않았습니다.

요코네 집은 낡고 커다란 아파트의 4층이었습니다. 공간이 협소해서, 나를 위해 거실에 이불을 깔아 주었습니다. 요코의 엄마도, 요코도 내가 집을 뛰쳐나온 이유는 자세히 묻지 않고 환영해 주었습니다.

요코네는 아버지가 집을 비우는 일이 많았는데, 출장인지 별거인지는 자세히 몰랐습니다. 요코네 엄마는 무척 피곤해 보였습니다. 눈 아래 어두운 그늘이 두드러지게 보였고 머리도 부스스했죠.

"배고프지 않니? 뭐 좀 먹을래?"

요코네 엄마는 주방에서 내게 가벼운 음식을 만

들어 주었습니다. 아무 말도 하지 않는 나를 보고 요코도 걱정스러운지 옆에 앉았습니다.

"집에 전화할 수 있겠니?"

나는 입을 다문 채 굳어 버렸습니다.

"그래, 그럼 전화번호를 가르쳐 줄래?"

요코네 엄마는 더 아무것도 묻지 않고, 직접 우리 집에 전화를 걸었습니다. 눈물이 나올 만큼 다정해서 나는 괴로워졌습니다. 우리 집에서는 결코 겪어 본 적 없는 상황이니까요.

두 사람에게 무슨 말이라도 해야겠다고는 딱히 생각하지 않았습니다. 어쩐지 여기서는 어린아이처럼 굴어도 되겠다는 생각이 들었습니다. 어리광이 허락되지 않는 가정환경에서 자란 나는 처음으로 아이다운 어리광을 허락해 주는 '엄마'라는 존재와 만난 기분이었습니다. 나를 염려해 준 요코와 요코네 엄마는 내가 바라 마지않았던 사람들이었죠.

그날 밤은 마음이 들떠서 가벼운 음식을 먹고 "자, 일찍 자자" 하는 요코네 엄마의 목소리와 함께 불을 끄고 잤습니다. 신기하게도 금세 잠들었던 기억이 납니다. 요코네 집 거실 창문으로 가로등 불빛이 들어와, 집 안의 불을 꺼도 완전히 깜깜해지지는 않았습니다. 가로등 불빛을 멍하니 보다가 잠이 들었죠. 우리 집은 주택이어서 높은 곳에서 거리를 내려다볼 일이 드물었습니다.

그다음 날, 학교에 갔는지 어쨌는지는 기억나지 않습니다. 하지만 집에는 돌아갔습니다. 혼이 나지는 않았던 것 같습니다. 엄마는 극도로 걱정하고 있었지만, 아빠는 별말이 없었죠. 아빠는 그즈음 일이 바빴고 휴일은 여전히 수학 공부에 할애하고 있었기 때문에 가족까지 신경 쓸 여유가 전혀 없었습니다.

아빠는 엄마의 병에 편견이 없는 대신 무관심했습니다. 엄마에게 양성 증상(환청이나 환시에 사로잡혀 흥분이 고조된 상태)이 나타날 때는 보살펴 주었지만, 조현병 특유의 음성 증상(중한 우울증과 비슷한 상태)이 있을 때는 아무것도 하지 않았습니다. 엄마가 병원에 갈 때도 동행하는 일은 거의 없었습니다. 하지만 엄마를 자유롭게 해 주었습니다.

그런 아빠에게 보란 듯이 자살 미수 흉내를 낸답

163

시고, 감기약 한 병을 다 먹은 뒤 그 잔해를 일부러 거실에 굴러다니게 두고서 바닥에 드러누워 있었던 적이 있습니다. 그 모습을 본 아빠는 아무 말도 하지 않은 채 그 자리를 떠나 버렸습니다.

어떻게든 주목받고 싶다는 일념뿐이었습니다. 만 년의 아이로서 살았던 나는 엄마에게 줄곧 헌신했습니다. 그래서 엄마가 적어도 겉으로 보기에 건강을 손에 넣은 지금이야말로 내 차례라고 생각했죠. 내게 신경 써 달라는 마음이었습니다.

나를 소중하게 여겨 주고 사랑해 줘. 바라는 건 그뿐이었습니다. 여덟 살 때의 내가 그토록 바랐지만 이루지 못했던 것. 그걸 열여섯 살에 되돌리려고 발버둥 치고 있었습니다.

만 년의 아이 시절, 엄마에게 사랑받았던 기억은 확실히 있습니다. 하지만 그건 병중에 번쩍 하고 발현되는 간헐적인 사랑이었습니다. 기본적으로 엄마는 나를 사랑해 주었습니다. 조현병으로 자신이 제일 힘든데도 나를 지켜 주려고 이웃의 괴롭힘에 맞서 싸우기도 했죠. 하지만 세상에 내가 있을 자리를 확보한다는 면에서는 완전히 역효과였습니다.

만 년 동안 살았던 아이였던 나는 지독하게 피곤한 상태였습니다. 지금까지 엄마를 돌보느라 자신은 뒷전으로 하고 살아온 것에 대한 청구서가 날아온 겁니다. 엄마가 괜찮아졌다고 생각하게 되자마자 나 자신에게 병이 났습니다.

만 년의 아이로 산다는 건, 원래는 어른이 되어서 써야 할 힘을 아이 시절에 몽땅 써 버리는 것입니다. 그래서 사춘기가 되면 아이 시절을 되돌리고 싶어 반란을 일으킵니다. 여덟 살에 아이로 살지 못했던 한이 내 원동력이 되었습니다. 엄마, 언니, 아빠 모두를 원망했습니다.

초등학교 1학년 때부터 커플처럼 단짝으로 붙어 다녔던 여자 친구가 있었습니다. 내가 그 친구에게 한눈에 반하면서 시작되었으니 연애라고도 볼 수 있는 관계였습니다. 키스하고 싶다거나 성적인 행위를 하고 싶다고는 생각하지 않았습니다. 다만, 그 아이에게 첫 번째 존재가 되고 싶었고, 제일 친한 사이가 되고 싶었죠.

무라사메라는 이름의 그 친구는 단발머리에 점

퍼스커트가 잘 어울리고 말수가 적은 아이였습니다. 내가 지켜 주겠다는 일념으로 그 아이를 놀리는 같은 반 남자아이와 맞서기도 했습니다. 내가 득달같이 남자아이에게 반격했기 때문에 학교에서 '마귀할멈'이라는 별명이 붙어 버렸지만 아무렇지도 않았습니다. 남자아이들이 어떻게 생각하든 전혀 관심이 없었으니까요. 그저 무라사메에 대한 사랑만이 넘쳐났습니다. 무라사메가 자전거를 못 탄다는 말을 듣고, 그 아이네 집에까지 가서 자전거 타는 법을 가르쳐 주었습니다. 자전거를 탈 수 있게 되면 초등학생은 행동반경이 단숨에 넓어집니다. 무라사메와 자전거를 타고 여기저기를 다녔습니다.

무라사메는 할머니와 함께 커다란 연못이 있는 훌륭한 집에 살았습니다. 집에 가면 할머니가 나를 다 큰 어른처럼 대하며 환영해 주었습니다. "우리 손녀와 친구해 줘서 고마워. 앞으로도 잘 부탁한다"하며 과자를 내주었죠. 나는 자부심 넘치는 기사가 된 기분이 들었습니다. 무라사메를 지켜 줘야해. 무라사메는 실제로 내게 소중한 공주님이었습니다.

무라사메는 자신이 평소에 하는 놀이를 보여 주었습니다. 이미 몇 번이나 풀었던 퍼즐을 다 흩어 놓은 다음, 다시 해 보였죠. 내게는 무척이나 지루한 놀이였습니다. 숫기가 없어서 그렇게 혼자 놀았나 보다 싶어 가여웠습니다. 무라사메에게 훨씬 더 재미있는 놀이가 얼마나 많은지 가르쳐 줘야겠다, 세상이 넓다는 걸 알려 줘야겠다고 생각했죠. 나는 무라사메네 집의 넓은 마당을 탐험하는 투어를 계획했습니다.

"이쪽으로 따라와."

좁은 담벼락 위에서 팔을 펼치고 균형을 잡으면서 조심조심 걷습니다. 무라사메도 뒤를 따릅니다. 둘이서 1미터 정도 높이의 담을 따라 걸으며 마당을 한 바퀴 일주하고 대나무 숲까지 도달하면 탐험은 종료되었습니다. 무라사메는 이 탐험을 몹시 마음에 들어 했습니다. 둘이서 몇 번이나 같은 길을 걸으며 노는 동안 해가 저물었습니다.

그렇게 나와 무라사메의 밀월이 계속되는가 했지만, 어느 날 뚝 끊어지고 말았습니다. 무라사메가 이사를 가 버린 겁니다. 무라사메의 부모님은 밤에

나 집에 들어오는 사람들이었습니다. 어느 날은 무라사메 몰래 옆방에 가 보았는데, 초등학생 정도의 남자아이가 쓰는 방인 듯했습니다. 아마도 무라사메의 오빠 방이었겠죠. 오빠 이야기는 무라사메에게서 전혀 듣지 못했습니다. 무라사메에게 뭔가 복잡한 사정이 있어서 할머니 집에 맡겨졌던 모양입니다.

그런 식으로 나는 초등학교 2학년 때는 사쿠라, 5, 6학년 때는 하기와라와 단짝 관계를 만들었습니다. 지금 생각해 보면 그들을 지켜 주고 싶은 마음이었다는 공통점이 있습니다.

내가 좋아하게 된 여자아이는 모두 새까만 머리, 하얀 피부에다 토끼처럼 동그랗고 귀여운 눈동자를 갖고 있었습니다. 누구라도 예쁘다고 할 만한 아이를 좋아했죠. 나는 실제로 얼굴을 많이 따졌습니다. 학년이 바뀌면 독보적으로 제일 예쁜 아이에게 접근해 순조롭게 친구 자리를 차지했습니다. 그리고 그 아이를 지켜 주려고, 그 아이가 학급의 다른 친구들과도 사이좋게 지내도록 해 주려고 애썼습니다. 나의 단 한 사람, 소중한 공주님을 지키는 기사 역할을 하기 위해서였죠. 내가 엄마에게 해 왔던 그대로였습니다. 아무리 사이가 좋다 해도 그 친구 역시 자신의 의지가 있는 개별 인간입니다. 멋대로 개입해서는 안 됩니다. 하지만 나는 그 아이를 위해서라며 뭐든 대신해서 결정하려고 했습니다. 그래서 얌전하고 예쁜 친구를 선택했죠. 지금 생각하면 섬뜩한 이야기입니다. 불과 여덟 살인 아이가 친구를 통제함으로써 자존감을 얻으려고 하다니. 엄마에게 잘 먹혔다고 착각한 방법을 친구에게도 시도했던 겁니다. 건강하다고는 볼 수 없는 관계였습니다.

그런 행동을 고등학교 1학년 때 요코에게도 시도했습니다. 뿐만 아니라 요코네 엄마까지 끌어들였죠. 그때는 내가 지켜 줄 대상이 아니라, 나를 지켜 줄 대상을 찾고 있었습니다. 그건 사람을 사람으로 보지 않고 수단으로 보는 천박한 행동입니다. 하지만 당시의 나는 거기에 한껏 몰두하느라 자신이 얼마나 역겨운 짓을 하고 있는지 깨닫지도 못했습니다.

나는 사람을 이용하는, 인간관계를 먹이로 삼아 살아가는 괴물 같은 존재가 되어 있었습니다. 자신에게 손을 내밀어 준 상대에게 들러붙어 떨어지지 않으려고 동정심을 자아냈죠. 자기연민으로 가득 차 '조현병이라는 심각한 증상이 있는 엄마에게서 자란 불쌍한 나'밖에 몰랐습니다. 아니, 정확히 말하자면 그런 생각조차 하지 못했습니다. 너무도 자연스럽게, 아무 생각 없이 당연하게 하던 행동이었습니다. 그게 이상하다는 걸 알아차리지 못했죠. 다만, 나는 친한 친구에게 '특수한' 가정환경을 들려주었습니다. 그때 내가 사람을 선택하던 판단 기준은 '이 사람은 우리 엄마를 보고 차별할까, 하지 않을까'였으니까요.

모든 것이 엄마가 기준이었습니다. 엄마의 조현병으로 차별받았던 나는 사람을 볼 때 그렇게밖에 판단하지 못했습니다.

유급

'만 년 동안 살았던 아이'의 힘을 결정적으로 잃어 버린 계기는 고등학교 2학년 때의 유급이었습니다.

고등학교 2학년 여름방학이 끝난 뒤부터 학교에는 가지 않고 다자이 오사무(『사양』, 『인간 실격』 등의 작품을 남긴 일본의 소설가)의 책만 줄기차게 읽었습니다. 학교에 가는 길 내내 다자이 오사무를 읽다가, 학교가 너무 하찮다는 생각이 들어 집으로 되돌아온 적도 있습니다. 학교는 어느 역에서나 멀었고, 강변을 따라 30분 정도 걸어야 했습니다. 남자아이들은 졸업을 기념하며 보트로 강을 타고 집에 돌아가는 모험을 즐기기도 했죠. 양손을 뗀 채 자전거를 타거나, 핸들에 잡지를 놓고 읽으며 학교를 오가는 아이들도 있었습니다.

등교 거부를 하려던 것은 아니었습니다.

그저, 아침에 일어날 수가 없었습니다. 고등학교 2학년 1월부터 아침·점심·저녁으로 항우울제 등을 먹었으니, 지금 생각해 보면 약의 부작용으로 그랬던 건지도 모릅니다. 그도 그럴 것이, 성인이 된 다음에는 아침에 제일 생기가 돌았으니까요. 성인이 되고는 약을 최소한으로 억제해서 밤에 자기 전에만 먹었습니다. 물론 청소년기에는 시도 때도 없이 졸음이 쏟아지는 법이기도 하지만, 약의 영향도 있지 않았을까요.

매일 학교에 지각했습니다. 그즈음부터 점점 아침에 일어나지 못했고, 어차피 지각이면 학교에는 뭐 하러 가, 하고 생각하기 시작했습니다. 아니, 다자이 오사무를 읽고 강을 따라 걸으면서 학교 같은 건 무의미하다고 생각했으니, 이른바 사춘기에 들어섰던 듯싶습니다. 다만, 사춘기, 반항기라고도 부를 만한 시절에 나는 몸도 같이 무너졌죠.

과호흡 때문에 식사도 제대로 못 하게 되었습니다. 엄마는 당시에 젤리 음료밖에 못 먹던 나를 심각하게 걱정해서, 어쨌든 밥을 먹게 하려고 안간힘을 썼습니다. 하지만 나는 살기를 거부했습니다. 생명력 없는 몸이 되는 걸 이상으로 삼았죠. 굴곡 없는 몸이 되고 싶었는데, 마른 몸이 되고 싶었다기보다는 건강하지 않은 인형처럼 되고 싶었습니다. 건강한 몸을 혐오했습니다. 뼈와 가죽만 남은 해골처럼 되고 싶었죠.

명확히 죽고 싶다고 생각한 적은 몇 번밖에 없었지만, 그즈음에는 생명력 같은 말마저도 혐오했습니다. 건강하다느니 깨끗하고 바르다느니, 그런 말도 싫었습니다. 병이 있는 자신에게 도취되어 있었습니다. 꼴사나운 자기 연민이었죠. 복잡한 성장 내력과 엄마가 조현병이라는 이유로 잃어버린 어린 시절을 되새기며 세상을 한없이 원망하고 있었습니다.

정신질환자를 차별하는 사람 모두를 증오하고 있었습니다. 그때 아무도 도와주지 않았잖아, 라고 되씹으면서요. 피해자인 내가 지금 병에 걸리지 않으면 차별은 없었던 일이 되어 버립니다. 나는 환자가 되어야만 했습니다. '만 년 동안 살았던 아이'의 증거로서 아팠던 거죠.

나는 병을 통해서야 비로소 자신의 삶을 살 방법을 배웠지만, 당연히 건강한 삶이라고는 할 수 없었죠. 그렇다 해서 마냥 죽고 싶다는 생각이 들지는 않았고, 그저 신체의 컨디션이 나빠지는 형태로 나타났습니다.

그때 나는 자해를 반복했습니다. 자해란 커터나 면도칼 등으로 몸 여기저기에 상처를 내는 행동입니다. 나는 주로 양쪽 손등에서 팔에 걸쳐 상처를 냈습니다. 죽으려고 베는 부위인 손목에 상처를 낸 적은 거의 없었습니다. 나는 일부러 눈에 띄는 부위에 상처를 냈던 겁니다.

자해하는 사람 중에는 팔 안쪽이나 허벅지 등 보이지 않는 부분을 택해 상처를 내는 경우도 있습니다. 내 자해는 '만 년 동안 살았던 아이'의 후유증을 살아 내고 있다는 하나의 표현 수단이었습니다. 자신이 얼마나 상처받았는지, 자신의 몸에 칼을 그음으로써 가시화했죠.

상처를 잔뜩 낸 뒤에는 반드시 오하라클리닉에 갔습니다. 그리고 상처를 오하라 선생님에게 보였습니다. 누군가가 그런 나를 보고 불쌍하게 여겨 주기를 원했습니다.

자해를 '어차피 죽을 마음도 없으면서 관심받으려고 하는 병이다'라고 야유하는 사람이 있습니다. 틀린 말은 아닙니다. 하지만 그게 뭐가 문제죠? 관심을 받지 않으면 안절부절 어쩔 줄 모르는 괴로운 마음을 품고서 살고 있습니다. 그런 내가 관심을 바라는 게 그렇게 잘못인가요?

내게 자해는 하나의 표현이었습니다. 말이 되지 못한 내 고통의 표현입니다. '자신의 몸에 상처를 내서는 안 된다'라고 말하는 사람도 있겠죠. 그렇다면 내 괴로움은 어떻게 표현하면 좋을까요?

나는 자해를 통해 사람들과 연결되었습니다. 내가 제일 안심했을 때는 자해한 뒤 누군가에게 응급처치를 받아 붕대가 감긴 손을 볼 때였습니다. 언어화되지 못한 괴로움이 내 안에서 새어 나오고 있었습니다.

자해 상처는 이십 년 남짓 지난 지금까지 남아 있습니다. 지금은 시계로 가리고 다닙니다. 누가 물어볼까 봐 "고기를 굽다가 화상을 입었어. 그래서 이렇게 평행선으로 흉터가 남아 있는 거야"라는 변명도 준비해 놓았습니다. 하지만 이십 년이 지나도록 남아 있는 이 상처를 나는 애틋하게 생각합니다.

나는 이제 글을 통해 괴로웠던 가슴속을 드러낼 수 있게 되었습니다. 그래서 더는 자해가 필요치 않습니다.

자해를 하는 이유는 천차만별이라, 내가 이렇다고 해서 다른 사람도 그렇다고 단정할 수는 없습니다. 그 점에 주의가 필요합니다. 어떤 사람은 '칼로 그으면 피가 나와서 살아 있는 기분이 든다'라고 하고 또 어떤 사람은 '상처를 내면 기분이 후련하다'라고도 합니다.

나는 그렇게 자해를 하고 음식을 거부하고 과호흡에 빠지고 아침에 일어나지 못하게 되면서 차츰 학교에 가지 않게 되었고, 결국 유급했습니다.

담임선생님이 유급이 결정되었다는 말을 전하면

서, 학교에 돌아올지 어떻게 할지를 물었습니다. 내가 다녔던 학교에서는 그해에 유급한 사람이 나 하나뿐이었습니다. 명문대 진학생을 많이 배출하는 학교는 아니었지만, 비교적 성실하게 공부하는 교풍이 있던 학교였죠.

어느 날 아빠에게 "프리스쿨(등교를 거부하는 아이들을 위한 일종의 대안학교)에 가 보고 싶어"라고 말했습니다.

이제 학교에는 돌아가지 못하리라 생각했기 때문입니다. 현실적으로 매일 학교에 가는 것도 어려웠습니다. 어쨌든 아침에 일어나지 못했으니까요. 아빠로서는 보기 드물게 재빨리 대처해 주어서, 나는 아빠와 함께 도쿄 도심에 있는 프리스쿨을 견학하기로 했습니다. 프리스쿨은 상가 건물의 2, 3층을 빌려 운영하고 있었습니다.

학생들은 당연히 교복을 입지 않았습니다. 게다가 내가 보기엔 제대로 된 수업 같은 것도 하지 않았습니다. 교실에서는 대여섯 명이 제각기 뚝뚝 떨어져 앉아 있는 느낌이 들었습니다. 수업은 아이들

저마다의 속도에 맞추어, 선생님과 일대일로 진행
되는 방식이었습니다. 선생님과 학생이 친구처럼
지내는 분위기에 좀처럼 적응이 되지 않았습니다.

　선생님과 학생은 명확한 권력 차이가 있습니다.
친구가 아닙니다. 내게는 그 학교가 강조하는 '선생
님과 친구로 지낸다'라는 관계성이 가식으로밖에
느껴지지 않았습니다. 당시에는 그렇게 언어화하
지 못했지만, 어쨌든 기분이 좋지 않았습니다. 나는
그렇게 못 하리라 생각했죠. 학생이 선생님 앞에서
만만하게 구는 듯한 모습도 불편했습니다. 선생님
이 그걸 허용해 주는 모습도요. '어리광을 받아 주
지 않으면 등교 거부할 거야'라는 협박으로도 느껴
졌습니다. 프리스쿨의 공기는 가라앉아 고여 있었
습니다.

　돌아오는 길, 전철 안에서 나는 아빠에게 "다니
던 학교로 돌아갈래. 유급해서"라고 말했습니다.
아빠는 특별히 놀란 기색도 없이 "알았어"라고만
말했습니다. 원래 덤덤한 사람입니다. 딸이 등교를
거부해도 "학교에 가야지" 같은 말은 전혀 하지 않
았습니다. 자식들에게 관심이 없는 게 아닐까 하고

내심 생각하기도 했죠.

그렇게 나는 학교에서 유일한 유급생이 되었습니다.

두 번째 2학년 생활이 시작되던 날, 예전 담임선생님이 나를 넌지시 불렀습니다.

"하루, 이제부터 체육관에 가서 다 같이 줄을 설 텐데, 내키지 않으면 참석하지 않아도 돼. 새로 바뀐 2학년 줄에 서고 싶지 않으면 안 해도 괜찮아"라고 말했습니다. 부스럼이라도 만지듯이 조심스럽게 다룬다는 생각이 들었습니다. 하지만 입 밖에 내지는 않았죠.

"괜찮아요. 새로 바뀐 2학년 반에 가서 서겠습니다."

"그, 그래? 싫으면 언제라도 얘기해."

나는 교내에 있는 단 한 명 유급생으로서, 남은 2년 동안 다시 고등학교에 다니게 되었습니다.

그때 나는 교내에서 유일한 금발이기도 했습니다. 내가 다니던 고등학교는 교칙이 딱히 필요 없을 정도로 교칙을 어기는 사람이 거의 없었습니다. 금발이라고 해서 선생님이 주의를 주지도 않았죠. 유급한다는 건 생각 이상으로 주변에서 신경을 쓰게 만드는구나, 하고 멍하니 생각했습니다.

체육관에 가서 줄을 섰더니, 눈앞에 있는 여자애가 빨간 머리였습니다. 교내에서 유일한 빨간 머리였습니다. 무척이나 동질감을 느꼈죠. 그리고 그 아이가 유급 시절에 처음 사귄 친구가 되었습니다. 그 아이가 뒤를 돌아보아도, 1학년 때 좋아했던 요코 때처럼 사랑을 느끼는 일은 없었습니다. 소울메이트 같은 관계가 되지도 않았고, 연인이 되고 싶다는 생각도 하지 않았습니다. 내가 처음으로 제대로 만든 '친구'라고 할 수 있을지도 모르겠습니다.

다행히도 유급 생활은 순조롭게 시작되었습니다. 담임선생님은 오십대 남성으로, 나를 특별히 봐주며 사이좋게 지내려고 애쓰는 유형은 아니어서 다행이었습니다.

유급 생활 와중에도 제시간에 학교에 간 일은 단 한 번도 없었습니다. 그래도 선생님에게 아무 말도 듣지 않았죠. 빨간 머리 친구도 마찬가지로 지각 상습범이었습니다.

학기가 시작될 때, 과연 며칠을 빼먹으면 수업 학점을 못 받는지 둘이 분담해서 선생님들에게 물으러 돌아다녔습니다. 그래서 수첩에 적었죠. 지각은 열 번까지 오케이, 15분 이상 지각이면 결석으로 처리, 결석은 다섯 번까지 오케이 등 정보 수집에 여념이 없었습니다. 둘 다 항상 낙제점을 받았습니다. 그러면서도 겨우 통과하더라도 상관없으니까 졸업만 하자는 동맹을 맺었습니다.

나는 유급을 딛고 무사히 졸업했습니다.

이십 년 남짓 지난 지금도 나는 학점이 모자라서 고등학교 졸업을 못 하는 꿈을 꿉니다. 역시나 아침에는 항상 졸리고, 몸은 납처럼 무겁고, '만 년 동안 살았던 아이'의 후유증으로 저주받은 구슬처럼 살아가고 있습니다. 그래도 살고 있습니다.

어찌 되었든 무사히 살아남을 수 있었습니다. '만년 동안 살았던 아이'의 후유증과 함께하는 삶이지만, 그럼에도 나는 지금 행복합니다.

여성혐오

열네 살 즈음부터 일기를 썼습니다. 일기라고는
하지만 '나(僕)'(남성이 자신을 지칭할 때 쓰는 말로 '보
쿠'라고 읽음)라는 일인칭으로 가공의 선생님에게
편지를 쓰는 형식이었습니다.

일기 여기저기에 '여자가 되고 싶지 않다'는 문
장이 쓰여 있습니다. 내 안의 여성혐오였습니다. 여
성혐오가 스스로를 향하게 되면 여성인 자신이 싫
어집니다. 자신의 육체를 용서하지 못하게 되죠. 나
는 2차성징기 때 가슴이 나오기 시작하는 게 싫었
습니다. 어린 소녀 시절의 몸을 사랑했기 때문입니
다. 납작한 가슴이 좋았습니다.

처음으로 생리를 했을 때, 아빠가 화장실 문을 갑자기 여는 바람에 생리대를 교체하는 모습을 보였던 일도 너무나 끔찍했습니다. 보통은 관습을 신경 쓰지 않는 엄마가 초경을 축하한다며 팥밥을 지어 주었을 때는 복잡한 마음이 들었습니다. 생리의 핏빛 같은 밥알의 색깔. 너무나도 적나라해 보였죠. 하지만 여자아이를 위한 풍습에 맞춰 준 엄마의 축하 자체는 마치 보통의 가정 같아서 기분이 좋았습니다.

나는 언제나, 결국은 엄마를 기쁘게 해 주려 하고 있었습니다. 엄마에게 나에 대한 애정이 없다고 여기고 정말로 사랑하는지 시험해 보면서도, 결국은 엄마의 행복을 바라고 있었던 겁니다. 하지만 그것이 자신과 타자 사이의 경계선을 넘어 버렸고, 자신의 생각대로 하면 엄마가 행복해질 거라는 사고에 사로잡혀 사람을 통제하려 들었습니다.

내가 여자인 자신을 사랑하지 못했던 건 동성에게 사랑의 감정을 품고 있었기 때문이기도 합니다. 당시에는 레즈비언이라는 개념도 몰랐기 때문에 동성을 사랑하는 게 어떤 것인지도 몰랐고, 여자를 좋아하는 나는 남자가 되고 싶은가 보다, 하고 막연히 생각했습니다. 내가 사랑하는 여자 친구들이 남자아이들에게 끌리는 걸 분한 마음으로 바라보았습니다. 남자는 남자로 태어났다는 점만으로도 여자에게 연애 대상으로 보인다니, 치사하다고 생각했죠.

젠더 위화감도 있었습니다. 여자들이 하는 차림새를 피하려고 안간힘을 썼고, 이십대 전반까지 남장을 하고 다녔습니다. 성인식 사진에도 남장을 한 모습으로 찍혀 있습니다. 유급하기 전이었던 1학년 때에는 당시에 친하게 지내던 친구네 집에 놀러 갔다가 "남자친구라도 데려온 줄 알았네"라는 소리를 들을 정도였습니다.

사람들이 나를 남자로 착각하는 게 무척 기분 좋았습니다. 남자로 착각하도록 헐렁한 운동복 차림에다 모자를 깊이 눌러 쓰고서 거리를 걸었죠. 하지만 나는 키가 163cm밖에 되지 않았고 당시에는 식사도 소홀히 한 탓에 비쩍 말라서, 좀처럼 남자로 오해받는 일은 없었습니다. 나는 자신의 가슴을 용서할 수 없었습니다. 붕대까지 동여매지는 않았지만, 가슴이 눈에 띄지 않도록 가능한 한 평평하게 보이려고 새우등을 하고 다녔습니다.

그렇다고 여자들이 하는 차림새를 전혀 하지 않았던 건 아닙니다. 친구들과 밤에 자주 놀러 나갔는데, 고등학생 주제에 바에 가서 술을 마시기도 했습니다. 당시는 클럽 붐이 끝나 가던 1990년대였는데, 클럽에 놀러 갈 때는 여자 옷으로 차려입었습니다. 유난스럽게 두꺼운 통굽 부츠 때문에 발이 아파도 개의치 않았습니다. 익숙지 않은 음악에 몸을 맡긴 채 눈에 띄려고 기를 썼죠. 그때만큼은 브래지어와 팬티까지 위아래 세트로 맞춰 입고, 미니스커트를 입었습니다. 하지만 딱히 누군가 다가와 적극적으로 추파를 던지거나 연락처를 묻거나 하는 일은 없었으니 눈에 띄었다고는 말하기 어려울지도 모르겠네요.

나는 여자와 남자 사이를 왔다 갔다 했습니다. 카멜레온처럼 변신했죠.

나는 그즈음, 소년애를 지고의 가치로 삼는 소설가 이나가키 다루호에게 빠져 있었습니다. 그의 책에는 여자가 소년에 비해 얼마나 하찮은지가 열거되어 있었습니다. 소년이 좋아서 스스로 소년이 되기를 열망했습니다. 소년이라고 해도 실제로 존재하는 소년은 아닙니다. 개념으로서의 소년입니다. 소년은 어른보다도 멋있는, 아주 짧은 시간을 사는 희귀한 생명체입니다.

그래서 나는 교복 치마를 참을 수 없었습니다. 소년이라면 반바지를 입는 법이니까요. 어디서 교복과 똑같은 남색 면바지를 구해, 반바지로 수선했습니다. 방에서 입고 거울을 보았습니다. 기분은 무척 좋았지만, 엉덩이가 커서 소년이라고는 말하기 어렵겠구나 싶었죠. 그래도 기념으로 사진을 찍으며 제법 포즈도 취해 보았습니다. 학교에 입고 가도 들키지 않을 것 같은데, 하는 생각으로 망설였습니다. 하지만 결국 용기가 나지 않아서 사복으로만 애용했습니다.

유급을 해서 고등학교 4학년이 되었지만, 나는 변함없이 금발이었습니다. 공부도 지독하게 못했습니다. 아침에도 제때 일어나지 못했고요. 매일이 지각이었죠. 지금이라면 통신제 고등학교(방송대학처럼 온라인으로 수업을 하는 고등학교)도 고민해 보겠지만, 당시에는 그런 정보도 없었고 전일제인 이 고등학교를 졸업해야만 그나마 고졸 자격을 얻을 수 있다며 죽을힘을 쏟았습니다.

고등학교를 졸업한 뒤, 선생님의 만류도 듣지 않고 방송대학에 입학했습니다. 철학을 공부하겠다며 패기만만했죠. 방송대학은 라디오와 TV 방송으로 수업을 받으니 매일 학교에 나가지 않아도 되고, 입학시험도 없습니다. 내게는 낙원과도 같았습니다. 물정 모르고 처음으로 수강했던 그리스철학 수업에서는 쏟아지는 전문 용어를 이해하지 못해, 교과서 한 단원을 읽는 데 일주일이 꼬박 걸리는 지경이었습니다. 매일같이 철학용어사전과 눈싸움을 벌여야 했죠. 그래도 행복했습니다. 학교에 가지 않아도 되니까요. 매일 오후에 일어나 가까운 프랜차이즈 커피숍에 들어가서 값싼 커피를 한 잔 마시고는 대여섯 시간이나 죽치고 있었습니다. 그게 내 일과였습니다. 하지만 그 행복도 막을 내립니다. 철학은 철저하게 남존여비의 세계였기 때문입니다.

철학책에서는 종종 '현명한 독자들은 알고 있으리라 생각하는데'라는 식의, 현명한 독자로 상정되는 사람들의 마음을 들썩이게 하는 문장이 나옵니다. 거기에 여자는 포함되지 않았습니다. 당시에 내가 공부하던 철학자는 모두 남자였습니다. 여자는 전무했죠. 그런 지점에 점점 눈을 뜨기 시작했습니다. 여자는 독자의 자격도 없나. 그럼, 철학을 공부하는 여자인 나는 뭔가. 남자가 되면 해결될까. 나는 당시에도 남장을 하고 다녔습니다. 남장한 철학자였던 거죠. 하지만 나는 '성별 불일치'(gender incongruence, 신체적 성과 정신적 성이 일치하지 않는 상태)라는 진단 아래 남자의 몸으로 전환하는 의학적 조치를 취할 마음은 없었습니다. 남자가 되고 싶은 게 아니라는 사실을 그때 비로소 깨달았습니다. 그때까지는 '남자는 되고 싶지 않지만, 여자가 싫다. 여자가 싫으면 남자가 되는 수밖에 없나?'라는 성별 이분법의 덫에 걸려 있었습니다.

얼마 뒤 나는 방송대학을 졸업했습니다. 6년이 걸렸지만, 그럭저럭 잘 해냈다고 생각합니다. 어쨌든 방송대학은 누가 공부하라고 닦달하지도 않고 일일이 가르쳐 주지도 않으니까요. 그리고 방송대학을 졸업함과 동시에 남장도 그만두었습니다. 지금도 기억하고 있습니다. 당시에 하던 텔레마케팅 아르바이트 일을 마치고 돌아가던 길에 '이제부터 취직을 하려면 남장을 하고서는 안 되겠지. 여자로 살아가야 되겠구나' 하고 결심했던 순간을.

　그리고 구직 활동을 시작했습니다. 처음에는 광고지나 카탈로그를 만드는 디자이너가 되고 싶어서, 그런 분야를 집중적으로 찾았습니다. 원래 꿈은 소설가가 되는 것이었습니다. 하지만 그건 포기했으니, 두 번째 꿈이었던 디자이너라면 실현 가능하지 않을까 생각했죠. 직원을 구하는 곳이 있으면 일단 일해 보기로 마음먹었습니다. 구인하는 업체는 많을 테니까 어디라도 한 군데는 붙겠지, 하고 생각했죠. 하지만 경기가 얼어붙은 때라 일자리를 구하기가 정말로 어려웠습니다. 게다가 방송대학을 6년이나 걸려 졸업한 시점에서 이미 신규 졸업자로서의 가치는 없는 것과 마찬가지였습니다. 나는 그 사실을 전혀 깨닫지 못한 채, 분수에 맞지도 않는 구인에 응모해서 면접에 갔다가 떨어지기를 반복했습니다. 어림잡아 50군데는 응모했던 것 같습니다.

나는 의기소침해졌습니다.

"나가노 씨, 이 구인은 조금 특별한데 응모해 보실래요?"

공공 직업소개소의 담당자가 책상 서랍에서 정중하게 꺼낸 문서가 결국 나중에 근무하게 된 회사의 구인 정보였습니다. 직업소개소와 회사 사이에 무슨 뇌물이라도 오갔는지는 모르겠습니다. 어쨌든 정식 구인은 아니었다는 생각이 듭니다. 회사 정보는 등록되어 있었지만, 그 직원에게 특별히 추진하라는 어떤 압박이 있었겠죠.

"여자애한테는 일단, 아침에 우리한테 차나 커피를 타 오게 합니다. 각각의 취향을 고려해서 타는 게 중요해요. 이걸 못 한다고 하면 채용은 안 됩니다."

면접은 여성 차별 그 자체였습니다. 하지만 나는 '채용만 해 준다면 어디라도 상관없어. 차를 타 주고 월급을 받는다면, 그것도 괜찮지'라고 생각할 정도로 지쳐 있었습니다.

내 역할은 '사무실 여자애'였습니다. 일단 아침에 출근하면 과장, 계장, 사원들의 커피와 차를 탑니다. 계장은 드립 커피를 마셨기 때문에 손이 많이 갔지만, 취향이 그러하다니 어쩔 수가 없었습니다.

그 외에도 내게 주어진 업무는 컴퓨터를 사용할
줄 모르는 과장이 손으로 쓴 견적서 입력하기, 전화
받기, 청소, 내방객에게 차 대접하기, 애교 떨기 등
이 있었죠. 하지만 나는 마지막 업무는 절대 하지
않았습니다. 내 입사 환영회가 열렸을 때조차 입을
꾹 다물고 있었죠.

예전 일기에 '나는 여자라는 존재를 혐오하고,
앞으로 그런 존재는 절대 되지 않을 거다'라고 쓴
문장이 있습니다. 하지만 나는 지금 틀림없는 여자
로 살고 있습니다. 페미니즘과 만났기 때문입니다.

내게 있었던 여성혐오의 정체가 성차별의 부작
용 때문임을 겨우 알게 되었습니다. 나는 자신을 철
저히 혐오해서 여자라는 사실은 고통밖에 되지 않
는다고 여겼지만, 그건 여자가 2등 시민으로 취급
되기 때문이었습니다. 나도 남자처럼 1등 시민으로
대접받고 싶었습니다. 즉, 인권을 원했습니다. 당시
의 직장에서 나는 성차별의 한복판에 있었고 인권
따위는 없었습니다.

여자라서 그런 처우를 받는 거야. 그러면 남자가 되면 해결되나? 그렇지 않아. 나쁜 성차별 때문에 남자로 바뀌고 싶었던 거야. 그렇게 페미니즘의 주장을 이해했습니다. 자신이 여성혐오에 빠져 버렸다는 슬픔이 온몸에 밀려들었습니다. 태풍을 몸속에 품은 듯, 나는 격렬하게 분노했습니다. 그리고 사회의 다양한 곳에 잠재한 성차별을 비판했습니다. 그렇게 비판하는 여자를 향해 시끄럽다고 말하는 목소리를 들으면, 이제 내가 나설 차례였죠. 비판하게 만든 이들이 누구냐고, 여자가 의견을 말하면 '시끄럽다'라고 딱지를 붙이는 사람이 누구냐며 맞섰습니다.

그럼으로써 나는 여자로서 자신감을 되찾았습니다. 물론, 성차별에 민감해져서 힘든 점도 있습니다. 나는 일을 하면서 우에노 지즈코 씨의 도쿄대학교 젠더 콜로키움에 다녔습니다. 우에노 씨가 아직 도쿄대 교수로 있을 때였죠. 지금은 우에노 씨와 생각이 좀 다릅니다만, 하루카 요코 씨가 쓴 『나의 페미니즘 공부법; 도쿄대에서 우에노 지즈코에게 싸우는 법을 배우다』가 내게는 최초의 페미니즘 책이었습니다. 아마도 제목에 '싸우는'이라는 단어가 들어간 이 책이 내 출발점이었기 때문이겠죠. 나는 페미니스트인 이상, 성차별을 하는 남성을 논리로 깨부수어야 한다고 굳게 믿었습니다.

하지만 페미니즘은 싸워서 이기는 방법론이 아닙니다. 우에노 씨는 날카로운 말솜씨로 성차별을 하는 남자들을 설복시킵니다. 너무나 멋있었습니다. 그래서 나도 페미니스트가 된다는 건 설복시키는 것, 논리로 이기는 것이라고 착각했습니다. 페미니스트가 논의에 참여하는 경우도 있지만, 논의란 애초에 이기고 지는 것은 아닙니다. 지금의 내게 페미니즘이란 차별에 대항하는 사상이지, 승자와 패자를 가리는 싸움이 아닙니다.

나는 환자

.

나는 자신이 환자임을 자각하고 있습니다. 내가 겪고 있는 제2형 양극성장애와 같은 정신질환을 가리키는 게 아닙니다. 인간관계를 둘러싸고 내가 겪는 '병'을 말합니다.

나는 엄마의 망상 사고 회로가 향하는 목적지를 미리 예측해서 자신의 안전을 확보해 왔다는 자부심이 있었기 때문에, 이렇게 예측하는 사고를 모든 인간관계에 적용하고 말았습니다. '자부심이 있었다'라고 과거형으로 쓰는 이유는, 그 어린 시절의 행동이 과연 엄마와 사회의 타협점을 찾는 데에 각별하게 필요했는지 지금에 와서는 잘 모르겠다는 자각 때문입니다.

엄마가 망상으로 어떤 행동을 하려고 하면, 나는 망상 속 등장인물로 바뀝니다. 엄마가 멋대로 집을 나가거나, 병원을 배회하거나, 크게 화를 내려고 근처 어딘가로 들어가지 않도록 하기 위해서입니다. 엄마의 망상 세계에서는 스님이 무척 중요합니다. 엄마가 스님과 경찰을 좋아하기 때문이죠. 나는 엄마에게 "스님은 밖으로 나오지 않는 게 좋아"라는 말도 해 보며, 어떻게든 망상 세계와 접속을 시도합니다. 하지만 언제나 실패로 끝났습니다.

나는 엄마의 망상 세계를 가장 잘 이해하는 사람이 되고 싶었습니다. 세상이 엄마의 망상 세계를 멸시하니까요.

가족 안에서 그런 식으로 엄마의 망상에 맞춰 주는 사람은 나뿐이었던 것 같습니다. 아빠는 엄마의 망상을 정면으로 "그렇지 않아"라며 반박합니다. 언니는 어땠을까요. 망상 이야기에 별로 관여하지 않았을지도 모르겠습니다.

엄마의 행동을 통제하지 않으면 내가 위험해진다는 위기감으로 살아왔습니다. 그래서 무슨 방법을 써서라도 엄마를 통제하려고 분투해 왔죠. 세상의 눈으로 비난받지 않고, 엄마도 기분이 상하지 않을 어떤 선을 찾는 일이었습니다. 하지만 다른 사람을 통제하기란 당연히 불가능합니다.

그 사실을 깨닫고 깜짝 놀라기까지 무려 30년이 걸렸습니다. 자조 모임에 참석해서 '우리는 무력하고, 생각하는 대로 살아가지 못하게 되었음을 인정한다'라는 문구와 만날 때까지.

그때까지 내가 있는 장소의 분위기를 스스로 장악하고 있다고 줄곧 생각했습니다. 내가 그곳을 잘 맡고 있기 때문에 대화가 편안하게 굴러가고, 누구도 상대방을 두고 가 버리는 일 없이 즐거워한다고 말이죠. '무력'하다는 생각은 한 번도 하지 않았습니다. 오히려 내가 있기에 세계는 잘 돌아간다고 믿었습니다.

아직 열아홉 살이었던 무렵, 미용실에 갔을 때의 일입니다. 나는 미용사를 즐겁게 해 주려고 유쾌한 이야기를 연이어 꺼냈습니다. 여성 미용사는 "나가노 씨는 정말 재미있는 분이네요"라며 즐거운 듯

맞장구쳐 주었습니다. 더 재미있는 이야기를 해야 한다고 생각한 나는 점점 과하게 행동했습니다. 웃기기 위해 거짓말도 지어냈을지 모릅니다. 고작 머리를 다듬으러 간 건데, 대화 때문에 녹초가 되어 버렸습니다. 미용사를 즐겁게 해 줘야 한다는 강박에 잡아먹혔던 거죠.

지금 생각해 보면 미용실은 머리를 하러 가는 곳이니, 딱히 재미있고 웃긴 이야기를 하지 않아도 괜찮습니다. 하지만 나는 침묵을 견디지 못했습니다. 침묵이 생기면 '상대방이 즐겁지 않은가? 대화가 신나게 오가지 않는 건 내가 하찮은 인간이어서인가?' 하는 불안이 솟으면서 무슨 말이라도 뱉어 버립니다. 미용실이니까 묵묵히 머리만 맡겨도 될 텐데, 그걸 이해하지 못했죠. 물론 수다를 좋아해서 미용실에서 나누는 대화를 즐기는 사람도 있겠지요. 하지만 나는 미용사를 즐겁게 해 줘야 한다는 의무감에 짓눌려 조금도 즐겁지 않았고, 초조한 마음만 앞섰습니다.

결국 그 미용실에는 두 번 다시 가지 않았습니다. 그날보다 더 재미있는 이야기를 하지 못하리라는 걱정 때문이었죠. 미용실에 다녀왔는데도 머리 모양은 전혀 기억나지 않습니다. 그저, 오로지 재미있는 이야기를 해야 한다고 안절부절못하며 흘렸던 비지땀만 기억에 남았습니다.

내 병과 관련한 으스스한 에피소드는 그밖에도 있습니다. 그 장소를 통제하고 있다는 환상으로 카페 전체의 분위기를 좋게 만들려고 애썼던 일도 있습니다.

어느 날, 친구 두 명과 함께 카페에 들어갔습니다. 카운터 바는 없고 테이블 좌석만 있는 가게로, 커다란 유리창으로 햇빛이 밝게 비쳐 들어오는 기분 좋은 공간이었습니다. 나는 카페라테를 주문하고 친구들과 사이좋게 담소를 나누었습니다. 담소를 나누었다지만, 실은 내가 그 장소의 대화를 사회자처럼 아우르고 있다는 환상에 빠져 있었죠. 나는 두 친구와 차를 마시는 와중에도 의미 있는 대화, 즐거운 대화를 이어 가려고 과도하게 애쓰고 있었습니다. 생각 이상으로 힘든 작업이어서, 머릿속에 두 사람이 존재하는 기분이었습니다. 한 사람은

198

그곳의 지휘자입니다. 친구들이 어두운 표정을 하지는 않는지, 대화 내용은 적절한지, 각자 정확하게 발언하고 있는지 등을 감시합니다. 다른 한 사람은 대화의 참가자입니다. 정성스럽게 맞장구를 치고, 웃어 보이고, 유쾌한 대화를 제공합니다. 그렇게 대화는 진전되었습니다.

문득, 그리 떨어져 있지 않은 옆 좌석의 대화가 내 귀에 들어왔습니다. 지휘자인 내가 '옆자리 대화도 부드럽게 이어지도록 우리 이야기를 통제해야 해. 유쾌하고 재미있는 이야기를 해야지, 옆자리 사람들이 불쾌해질 만한 이야기는 하면 안 돼'라고 말합니다. 다른 나는 조마조마합니다. 내 친구들이 옆자리 사람들에게 들리면 싫어할 이야기를 하면 어쩌나 싶어서죠.

오른쪽 테이블에 대한 걱정은 왼쪽 테이블로 옮겨 갑니다. 점점 가게 안에 있는 사람들의 목소리가 머릿속에서 반향을 일으켜 내가 무슨 생각을 하는지도 알 수 없게 되었습니다. 어떤 대화를 제일 주시하면 될까? 어떤 목소리에 가장 귀를 기울여야 할까? 물론 그건 당연히 내 친구들입니다. 하지만 지휘를 하면서 친구들의 대화에 집중하려고 하면 할수록 바깥의 단어들이 덮쳐 왔고 공연히 신경이 쓰였습니다. 결과적으로 나는 카페 전체의 공기를 통제하기 위해 자신의 일거수일투족을 조정하고 있었던 겁니다.

그야말로 피곤한 경험이었습니다. 그리고 다시없을 경험이었죠.

카페에서 나왔을 때 다소 정신이 들었습니다. 내가 지금 이상한 짓을 하고 있구나 하고요. 하지만 그 사람을 통제할 수 있다, 통제하고 싶다, 라고 생각하는 병은 내 안에 너무나도 깊이 뿌리를 내려, 정신을 차린다고 한들 도저히 어찌할 수 없는 지경까지 이르렀습니다. 그게 병임을 본격적으로 알아차린 건 자조 모임에 참가한 뒤입니다. 지금도 카페에서 옆자리 사람들의 목소리가 귀에 들어올 때가 때때로 있지만, 그걸 통제하려고 들지는 않습니다.

나는 엄마를 통제하는 데 성공했다고 믿었고, 그러니 인간은 통제할 수 있는 존재라고 생각하며 계속 살아왔습니다.

무척 오만한 믿음이었죠. 그 시절에는 내가 누구보다 다른 사람의 기분을 잘 이해하고, 무슨 생각을 하는지 손으로 잡을 듯이 다 안다고 생각했습니다. "아, 네. 당신 말은 이거죠?" 하며 위에서 내려다보듯 다른 사람을 보았습니다. 타인을 통제하고 생각을 투시하는 대상으로만 보았죠.

결국 나는 올바른 인간관계를 맺지 못하게 되었습니다.

사람의 생각을 투시하는 건 예측하는 일이기도 합니다. 그러면 불안을 선취하게 됩니다. 그 사람이 그렇게 말하면 어떻게 하지? 이 사람은 틀림없이 이렇게 생각할 거야. 그러니 나는 지금 이렇게 해야 해, 저렇게 해야 해, 하고 무슨 일에나 '해야 한다'라는 사고로 결정을 내렸습니다. 진정한 의미에서 내 의지란 거의 없었습니다.

그것은 내가 행동이 아니라 반응을 하고 있었기 때문입니다. 행동하는 사람은 '난 커피를 마실 거야'라고 생각하고 주전자에 물을 넣습니다. 반응하는 사람은 '저 사람이 커피를 마시고 싶은 것 같으니 물을 끓이자'라고 합니다.

항상 다른 사람 눈치를 살피며 생활했습니다. 정신장애인인 엄마의 기분을 살피지 않으면 생활 전체가 망가져 버리는 환경에서 자랐기 때문입니다.

지금은 그럴 필요가 없고 여기서는 다른 사람 눈치를 살피지 않아도 된다는 말을 들어도, 그런 행동을 생존과 직결시키는 사고 회로는 쉽사리 없어지지 않습니다. 어쩌면 평생 사라지지 않겠죠.

하지만 절망할 필요는 없습니다. 머리가 불안과 괴로움으로 가득하니 고민을 멈춰야 한다고 자책할 필요도 없습니다. 그저 반응했을 때의 행동을 바꾸면 됩니다.

앞서 말한 커피를 예로 든다면 '이 사람이 커피를 마시고 싶은 모양이니까'라는 생각은 망상입니다. 그 사람은 커피를 마시고 싶다고 말하지 않았으니까요. 커피를 마시고 싶은지 아닌지, 나는 모르죠. 지금까지는 줄곧 '~할 테니까 틀림없이 ~라고 생각할 거야'라는 망상을 근원에 두고 움직였습니다. 사실, 그 망상은 행동이 아니라 반응이었죠.

그러면 어떻게 하면 좋을까요? 간단합니다. 물

끓이는 행동을 멈추면 됩니다. 자신이 커피를 마시고 싶다면 물을 끓이면 되고, 커피를 마시고 싶은 사람이 있을 때는 그 사람이 끓이면 됩니다. 인간관계의 경계선은 그렇게 만들어집니다.

내게는 인간관계의 경계를 잘 알지 못하는 병도 있습니다. 언제나 누군가를 대신해서 그가 해야 하는 일을 내 멋대로 짊어졌다가 내 멋대로 좌절하고 원망합니다. 앞선 비유처럼 커피로 이야기하자면 '그 사람이 커피를 마시고 싶어 할 것 같아서 물을 끓여 커피를 내려 줬는데 필요 없다고 했다' 같은 상황입니다.

그러면 나는 화를 냅니다. 내가 일부러 커피를 만들어 건넸는데 어떻게 필요 없다는 말을 할 수가 있지. 마실 마음이 없더라도 한 모금쯤은 마셔야지. 원망과 서운함이 점점 쌓이다 폭주해서, 급기야는 상대방에게 한마디라도 하지 않으면 분이 풀리지 않습니다.

"내가 모처럼 내린 커피를 안 마시겠다니, 어떻게 그럴 수가 있어? 호의를 무시하는 잔인한 녀석이었구나. 너를 생각해서 줬는데!"

그렇게 경계선은 차츰 희미해지고, 그 사람의 '커피 마시고 싶다'는 마음을 내가 빼앗아 버린 꼴이 됩니다. 그렇게 되면 나는 그가 무슨 생각을 하는지 다 안다는 듯 매일 아침 커피를 준비하고, 좋은 일을 했다고 생각해 버리겠죠. 그는 어쩌면 홍차를 마시고 싶어 하는지도 모릅니다. 하지만 나는 그의 생각을 모두 알고 있다며 점점 더 앞서서 반응하게 됩니다.

내 병은 사람을 통제할 수 있다고 생각하는 것, 다른 사람과의 경계선이 애매해져 버린 것입니다. 완치는 어렵지만 완화는 가능합니다.

'나 지금 의외로 살기 괜찮은 것 같은데?'라는 수준까지 회복됩니다. 하지만 그렇게 되기까지 오랜 세월이 걸립니다. 이 병을 내려 준 엄마를 나는 전혀 원망하지 않습니다. 내가 조현병이 있는 부모에게서 자랐다는 사실은 이제 내 삶의 일부가 되었습니다. 내가 환자인 부모와 함께 살아왔다는 사실과 내 정체성은, 마치 유착된 상처처럼 떼려야 뗄 수 없는 관계입니다.

역시
도와주지 않는구나

어느 날 아침, 회사에 출근하는데 길에 대자로 뻗어 있는 아저씨를 보았습니다. 아저씨 옆에는 할머니가 함께 있었습니다. 나는 말을 걸었습니다.

"무슨 일 있으신가요?"

"아, 지금 좀 넘어져서."

"머리를 다치진 않으셨어요?"

"머리는 괜찮습니다."

"일으켜 드릴게요."

나는 아저씨 손을 끌어당기고, 앉을 수 있도록 안아서 일으켰습니다.

"고맙습니다. 이제 괜찮습니다."

"그러세요? 그럼 전 이만 가 볼게요."

나는 불과 2, 3분 정도 관여하고는 그 자리를 떠났습니다.

나는 길에서 곤란을 겪고 있는 사람이 있으면 그냥 지나치지 않으려 합니다. 세상이 내게 그러지 않았기 때문입니다.

오래전 엄마가 전차 안에서 대자로 누워 꼼짝하지 않았을 때 아무도 말을 걸어 주지 않았습니다. 그때 나는 '만 년 동안 살았던 아이'가 되었습니다. 그럴 수밖에 없었죠.

생사를 헤매는 사고를 당한 듯 주마등처럼 영원히 흐르는 시간의 소용돌이에 휩쓸려 황금의 몸을 입게 되었고, 누구보다도 어른이라는 의식, 신에 가까운 존재라는 긍지를 부여받았습니다. '만 년 동안 살았던 아이'가 되는 건 누구의 도움도 받지 않고서 그 자리를 통제해 내야 한다고 믿는 것입니다. 고독한 싸움입니다.

그때 대자로 뻗은 엄마를 안아서 일으키던, 불과 여덟 살이었던 내게 누군가 말을 걸어 주었다면 달라졌으리라 생각합니다. 분명히 세상을 믿을 수 있었을 겁니다.

　세상이라고 하면 다소 막연한데, 사실은 이름 모르는 사람과 관계를 맺는 것입니다. 내가 어린 시절에 체험한 '세상'은 정신장애인을 무시하고, 때로는 대놓고 빤히 바라보았습니다. 정신장애인이 먹는 약의 부작용인 독특한 움직임-떨리는 손과 입술, 아주 천천히 걷는 걸음, 텅 빈 눈, 어눌한 말씨, 흐트러진 매무새-을 보고 이질적이라고 여기고 괴물로 취급했습니다.

　이웃에게 인사를 해도 깡그리 무시당하는 노골적인 혐오나 집 앞에 크레졸을 뿌려 놓는 가해 행위도 겪었습니다. 여덟 살의 나는 그것을 예민하게 감지하고 '세상'과 주변의 '어른'을 절대로 믿어서는 안 된다고 생각했죠.

　영 케어러를 취재한 인터뷰를 읽다가 '주변 어른들에게 집안 사정을 비밀로 한다', '말할 수 없다' 등의 문장을 보고 고개를 깊이 끄덕였습니다. 사회는 바뀌지 않았고, 여전히 정신병 환자를 차별합니다.

　차별하지 않는다는 건 대체 뭘까요? 이해관계가 없는 누군가에게 딱지를 붙여서 바라보지 않는 겁니다. 괴물로 타자화하지 않는 것이죠.

"아무개는 미쳤어", "걔 머리가 좀 이상해", "정신병자" 등의 문장을 SNS에서 보지 않는 날이 없습니다. 우리 집에서 이 단어들은 금기어였습니다. 엄마가 그런 말로 차별받아 왔음을 충분히 알고 있기 때문입니다. 하지만 집에서 몇 걸음만 나가면 그런 말들이 넘쳐납니다. 예를 들어, 자민당의 처사가 도를 넘어서서 법률을 위반하고 있는데도 사법부가 제대로 판단하지 않는 상황을 두고 '일본은 미쳤다'라든가 '재판부는 정신이 나갔다'라든가 '자민당을 지지하는 놈은 정신병자다'라는 식으로 말합니다.

나는 자민당 지지자가 아니기 때문에 사법부가 제 기능을 하지 않는 데에 탄식하지만, 그런 표현을 사용해서 문제를 주변화하고 단정해 버리는 태도에는 공포를 느낍니다. 모든 '정신 이상자'가 범법 행위를 하지는 않습니다. '미쳤다'고 해서 반드시 타인에게 해를 가하는 것도 아니고요. '여간한 문제가 아니다', '특이하다', '엉뚱하다'와 같은 말로 바꿀 수는 없을까 생각해 봅니다.

대단히 악질적이고 그릇된 딱지 붙이기입니다.

자신들은 정상이라고 확고히 하고 싶은 나머지, '정신병자'에게 자신들이 지닌 편견의 원인을 떠밀고 있습니다. 정신장애인은 오랫동안 위험한 인물로 간주되어 왔습니다. 특히 조현병 양성 증상이나 양극성장애의 조증 상태를 보이는 환자는 눈에 띄는 행동을 많이 하기 때문에 사람들이 위협을 느끼기도 합니다. 일본에서 정신장애인의 인권은 정신과 의사의 판단에 따라 일시적으로 정지되기도 합니다. 바로 '조치입원제도'입니다. 본인의 동의 없이 격리 병동에 가둘 수 있습니다. 자상·타해 등의 위험이 있을 때 등으로 한정되어 있다고는 합니다만. 또한 일본의 정신과에서는 신체 구속이 두드러지게 많아 최근까지도 문제가 되고 있습니다. 신체 구속이 원인이 되어 사망에 이른 정신장애인도 있었습니다.

'미쳤다', '머리가 이상하다', '정신병자' 등의 표현을 달리할 수 없을까요?

예컨대 '재판부의 판단은 논쟁의 여지가 있다', '자민당을 지지하는 사람은 현실에서 일어나는 사법적인 문제를 직시하지 않는다' 등으로 말하는 방법도 있습니다. '미쳤다'라는 표현까지 제한하자고 하면 문제가 될지도 모르겠습니다. 다소 과하고 획일적인 금지가 될 우려도 있으니까요. '미쳤다'라는 말은 '매우 괴롭다' '어떤 일에 지나칠 정도로 열중하다'라는 뜻으로 사용하기도 합니다. 중의적인 표현이니 사용하는 데 주의가 필요하다고 생각합니다. 하지만 정신장애인이 바로 곁에 있는데도 우리는 누군가를 비난하기 위해 그런 문장을 사용할 수 있을까요?

이런 경험이 있습니다. 예전에 간호용품 대여업체에서 일할 때 나는 정신장애인임을 밝히지 않았습니다. 동료들은 내가 양극성장애인이라는 걸 몰랐습니다. 그때 어느 양극성장애가 있는 고객이 문의 전화를 빈번하게 걸었습니다. 동료들은 곤혹스러워했죠.

"그 사람, 양극성장애라서 흥분하면 시끄러워."

"진짜 그렇더라. 파도가 몰아치는 기분이 들더라니까."

나는 무척 상처받았습니다. 내 이야기를 하는 것

만 같았습니다. 동료들은 그 고객에게 들리지 않도록 둘이서만 이야기할 셈이었을 텐데, 하필이면 똑같이 양극성장애가 있는 내가 옆에서 듣고 있었던 거죠.

그러므로 어떤 경우에라도 정신장애인을 비웃거나 하는 짓은 하지 않는 게 좋습니다. 겉으로 드러나지 않는 정신장애인도 많으니까요. 차별이 존재하는 지금의 일본 사회에서 정신장애인임을 커밍아웃하고 살아가기란 무척 힘듭니다. 숨기고 사는 사람이 많습니다.

엄마 시대에는 오히려 너그러웠을지도 모릅니다. 엄마는 손이나 입술을 늘 떨고 있어 정신장애인임이 명확히 보였음에도 과자 공장에 채용되었습니다. 손수레에 올라 달리고 싶다는 욕구대로 행동했다가 결국 해고당하고 말았습니다만.

예전에 일하던 직장에 상사의 자녀가 온 일이 있습니다. 수영교실 버스를 타고 오는 딸을 데리러 가야 한다며 상사는 일을 하다 말고 급히 자리를 떴습니다. 그 아이는 딱 초등학교 2학년으로, 내가 '만 년 동안 살았던 아이'가 되었던 나이와 똑같았습니다. 원래 초등학교 2학년이면 엄마가 수영교실 버스 코앞까지 데리러 가 주는 건가, 하고 나는 경탄했습니다. 예전 그 나이의 나는 경찰서에 가서 엄마의 신원을 확인하고 데려오거나, 엄마가 다니는 정신과에 동행했으니까요. 그 아이를 객관적으로 보고서 너무나도 어리다는 사실을 실감했습니다. 여덟 살이라는 나이에 정신장애인 엄마와 있었던 내가 대체 무엇을 할 수 있었을까요. 황금의 몸과 신의 의식을 구비했던 여덟 살의 나는 대체 어떤 존재였을까요. 눈앞에 있는 여덟 살 아이의 태도와 예전의 나를 비교해 보며, 상상을 넘어설 정도로 어른스러웠던 당시의 자신에게 놀랄 뿐이었습니다. 그렇게 작은 아이여도 자신을 보호해 줄 대상이 없어지면, 스스로를 지키라며 신이 머물러 주나 봅니다.

상사의 아이는 수줍음이 많아서 내가 퇴근할 때 "안녕" 하고 인사해도 고개만 꾸벅할 뿐, 좀처럼 소리 내어 인사를 하지 않았습니다. 그에 비하면 나는 경찰에게도 야무지게 대응하고 전철 바닥에 드러누운 엄마를 일으켜 세워 집으로 가도록 했죠. 나는 엄마를 지키는 보호자였습니다. 엄마 또한 나를 지켜 주려고 하는 보호자였지만, 망상 속에서 그 임무를 수행하려 했기 때문에 세상과 어긋나 버렸습니다. 그렇게 생겨난 어긋남이 나를 덮쳤습니다.

세상과 나는 언제나 대립 관계였습니다. 그것도 복잡한 대립 관계입니다.

나는 세상에서 차별당하고 싶지 않은 나머지, 엄마에게도 세상에 속한 행동을 하게 만들려고 안간힘을 썼습니다. 또는 엄마의 의지와 세상이 어긋나지 않을 좁고 가는 틈새를 찾으려고 열심히 노력했죠. 하지만 노력은 언제나 실패로 돌아갔습니다. 나는 부끄러움이라는 개념으로 세상에 위협당했습니다. 엄마가 하는 짓이 부끄러워. 평범한 엄마였으면 좋겠어. 세상과 대립하면서도, 차별하는 세상 편에 섰던 겁니다.

반면에 언니는 그런 면이 거의 없었습니다. 엄마의 망상에 딱히 맞춰 주려 하지 않았지만, 그럼에도 엄마에게는 더 큰 아군이었습니다. 언니는 엄마에게 세상이 말하는 '평범함'을 요구하지 않았으니까요. 엄마가 아무리 이상한 짓을 해도, 엄마 나름의 논리 속에서 그러는 거라면 괜찮다는 식이었습니다.

언니는 엄마가 호소하는 고통을 언제나 정면으로 마주하고, 엄마가 편한 쪽을 택해 주었습니다. 나는 엄마의 고통을 그 정도로 고민하지 않았습니다. 어떻게 하면 엄마를 통제해서 스스로 살아남을 수 있을까만 궁리했던 것 같습니다. 언니는 무척 다정한 사람이었던 거죠.

언니는 항상 내게 과자 같은 걸 양보했습니다. 둘이서 놀았던 기억도 많습니다. 특히 크리스마스 한 달 전쯤부터 서로에게 줄 선물 재료들을 책상에 펼쳐 놓고 같이 앉아서 만들곤 했습니다. 서로의 책상은 들여다봐서는 안 됩니다. 몇십 종류에 이르는 선물을 서로 주고받으며 개봉하는 일은 무척 즐거웠습니다.

그중에서도 잘 기억나는 선물은 내가 언니에게 만들어 준 '여송연' 세트입니다. 종이에 사인펜으로 야자나무 그림 같은 걸 그린 뒤에 둘둘 말아 막대기처럼 만듭니다. 그걸 입에 대고 피우는 시늉을 합니다. 사인펜 색에 따라 맛이 다른 척하며 그 풍미를 즐겼죠. 나는 언니에게 "이건 하와이 여송연이야"라고 설명해 주며 선물했습니다. 언니는 한 모금 피우고 "정말 하와이 맛이 나네"라고 말했죠. 그 밖에도 자그마한 편지지 세트, 종이를 접어 만든 작은 수납함, 페이지마다 다른 그림이 그려진 메모장 등 자질구레한 물건들을 잔뜩 흩어 놓고 놀았습니다.

내가 '만 년 동안 살았던 아이'였던 시절에 모두 쓰라린 기억만 있는 건 아닙니다. 엄마가 자리보전하고 누워 있는 동안, 언니와 나는 우리만의 낙원을 만들었으니까요.

아이들만의 낙원은 세상과 대비되는 곳이었습니다. 두 사람 다 세상은 적이라 생각했고, 엄마를 공격하는 어른이 많은 위험한 곳이라 생각했죠. 나는 엄마에게 무슨 일이 일어날 때마다 '아, 세상은 역시 도와주지 않는구나' 하고 생각했습니다.

마의
서른세 살

엄마에게 조현병이 발병한 것은 딱 서른세 살 때였습니다.

그래서 나도 삼십대에 들어서며 대비한 바가 있었습니다. 나는 조현병이 아니라 제2형 양극성장애이지만, 내게도 어떤 일이 일어날지 모른다고 생각했습니다.

무더운 여름날이었습니다.

나는 베란다에 시계초를 키우고 있었습니다. 가장 좋아하는 꽃입니다. 세 개의 암술이 예수를 십자가에 박은 세 개의 못을 연상시킨다고 패션플라워라고도 부릅니다. 패션passion은 기독교에서는 수난을 의미합니다. 나는 하얀 꽃잎에 힘줄처럼 푸른색 무늬가 들어가 있는 품종을 키웠습니다.

나는 1년쯤 전부터 실직 상태였습니다.

광고 디자이너가 되고 싶어 취직했던 회사에서 갑자기 급여를 6만 엔이나 깎겠다고 통보하더니, 12월 30일에는 '내년 1월 3일부터 후쿠오카(살고 있던 곳은 가나가와)로 전근하라'고 명령했습니다. 이른바 '파와하라*'를 당하고 나니, 더는 일할 마음이 들지 않아 그만두었습니다. 나는 전업주부라는 이름의 무직 신세로 지냈죠. 아니, 정확히는 병으로 일하지 못하게 되었습니다. 그럼에도 나는 실직했다며 자책하고 있었습니다.

회사를 그만두기 전에는 의지와 상관없이 눈물이 흐르거나, 전신에 두드러기가 나거나, 열이 38도까지 올라 한 달 동안이나 내리지 않는 등 스트레스

---

* パワハラ. 'power harassment'의 줄임말로, 직장 내에서 일어나는 권력형 괴롭힘을 뜻한다. 저자의 경험처럼, 부당 해고에 따른 법적 처벌 등을 피하기 위해 사용자나 상사가 직원에게 따르기 어려운 지시 등을 하며 괴롭혀서 자발적으로 그만두게 만드는 경우가 대표적인 직장 내 권력형 괴롭힘의 사례 중 하나이다.

때문에 몸 상태가 엉망이었습니다.

하지만 나는 겨우 얻어걸린 실수령액 월 23만 엔의 직장을 쉽게 포기하지 못했습니다. 나를 채용했던 여자 상사가 간부에게 괴롭힘을 당해 억지로 그만둔 뒤였습니다. 상사들에게 둘러싸여서 회사를 그만두라는 압박을 당한 사람도 있었습니다. 회사 경영 자체가 위기였죠. 후쿠오카에서 도쿄로 진출하기는 했지만, 뭐 하나 제대로 굴러가지 않았던 모양입니다.

어쨌든 나는 교토의 오래된 민가에 사는 할머니가 정원을 가꾸면서 생활하는 TV 프로그램을 하루 온종일 틀어 놓고 지내다가, 그 할머니 집과 내 집이 잇닿아 있다고 착각하게 되었습니다. 베란다에서 식물을 돌보는 게 유일한 낙이었습니다.

그 여름, 시계초에서 너무나도 선명하게 나타나는 푸른색, 흰색, 초록색의 대비에 나는 시선을 빼앗겼습니다. 시계초는 푸른 하늘과 뭉게구름, 나무가 술렁이는 소리와 함께 나를 다른 세계로 데려가 주었습니다.

'어쩌면 이렇게 예쁠까. 내가 지금까지 있었던 세계는 전부 잘못됐어. 이 아름다운 세계야말로 진짜야.'

나는 식물 세계의 아름다움에 홀려 정신을 못 차리고 있었습니다.

하지만 나의 상태는 최악이었습니다. 눈물이 주르륵 흘러나왔고, 실직 상태라는 무력감과 잃어버린 자기 긍정감 때문에 집에만 틀어박혀 있었습니다. 유일한 외출은 베란다였죠.

베란다의 화초에서 피보나치수열을 발견하고는 세계의 비밀을 통달했다며 감격해하기도 했습니다. 밤이 되어서도 화초만 들여다보면서 베란다 바닥에 피보나치수열로 돌을 늘어세웠습니다. 피보나치수열이란 1-1-2-3-5-8-13-21-34-55-89-144…… 이렇게 이어지는 수열로, 앞에 있는 두 수의 합이 다음 수가 되는 규칙을 가지고 있습니다. 특징적인 나선 형태를 이루는데, 예컨대 식물을 위에서 보았을 때 잎이 난 방식, 달팽이 껍데기가 동그랗게 말린 방식, 로마네스코 브로콜리의 모양, 꽃잎의 수, 솔방울의 비늘 수 등이 모두 피보나치수열을 따릅니다.

세계가 이렇게도 선명하게 빛나고 있고, 그 속에서 세계의 비밀을 발견했다는 기쁨에 나는 어쩔 줄 몰랐습니다.

그즈음, 스스로 작심하고는 만화를 쉬지 않고 8시간씩 그리고 있었습니다. 만화를 그리지 않을 때는 베란다에 나갔죠. 그 외에는 뭘 하면 좋을지 몰랐습니다. 어쨌든 뭔가 하지 않으면 초조해졌으니까요. 만화는 자기 긍정감이 낮은 내게 최후의 보루였습니다. 내게는 만화가 있다, 그렇게 생각하며 언제나 아슬아슬한 생존 게임을 하고 있었습니다.

하지만 어느새 나는 만화도 그리지 못하게 되었습니다. 밤에 제대로 잠을 자지 못했고, 낮에도 눈을 붙이지 못하는 채로 방 안을 이리저리 서성이기만 했습니다. 도와줘, 외로워. 그런 생각만 마음에 가득했습니다. 점점 말도 잘 못 하고 제대로 걷지도 못하게 되었습니다. 나중에 남편에게 들으니 "그때는 할머니 같았어"라고 하더군요.

그즈음 다니던 오하라클리닉의 약으로 잠을 못 자게 되면서 공황 상태에 빠졌습니다. 나는 잠을 못

자면 조증 상태가 됩니다. 지금 생각해 보면 세계가 빛나 보이던 것도, 피보나치수열에서 세계의 비밀을 발견했던 것도 모두 조증 상태가 일으킨 결과였습니다.

그때 나는 오하라 선생님의 병원에서는 수면제는 주지 않을 거라고 굳게 믿었습니다. 잠을 못 이룬다고 말하며 진료를 받으면 되었을 텐데, 그 직전에 엄마가 오하라클리닉에 그만 다니기로 했음을 알게 되면서 엄마가 다니는 다른 의사에게 진료를 요청했습니다.

정신과 진료란 정말로 힘들게 다다르는 여정입니다. 한 달이나 기다리게 하는 일도 수두룩합니다. 하지만 운 좋게도 엄마의 의사는 나를 바로 진료해 주겠다고 했습니다.

나는 그때 머릿속이 어지러워, 의사 앞에서 어떻게 말을 하면 이 괴로움을 이해받을 수 있을까 고민이 되었습니다. 그 장소에서 바로 말로 전달하기가 어려웠죠. 그래서 A4 용지에 고민되는 증상, 불면 상태 등을 줄줄이 써서 가져갔습니다. 그때는 엄마와 언니가 함께 가 주었던 기억이 납니다.

나는 의사 앞에 앉자마자 울음을 터뜨리고 말았습니다.

"선생님, 눈물이 멋대로 나와요. 울고 싶지 않은데도요."

"알겠습니다. 그런 증상이라면……."

의사는 눈물에도 동요하지 않고 내가 종이에 적어 온 이런저런 내용을 보고서 "잠을 잘 수 있는 약을 처방하겠습니다"라고 말했습니다.

하지만 나는 그 약을 먹으면 정말로 잘 수 있을까 의심스러워서 다행이라는 기분도 들지 않았습니다.

계속 잠을 자지 못하면 심장박동이 빨라지고 빈혈 같은 상태에 빠집니다. 전두엽의 기능이 떨어지고 머리가 과열되리라는 것이 불 보듯 훤했습니다.

반신반의하면서 약을 처방받아 집에 돌아왔습니다.

밤이 오는 게 무서웠습니다. 다 필요 없으니 지금 바로 잠들어 버린다면 얼마나 좋을까 생각할 정도로 피곤했죠. 누군가 내게 휴식을 가져다주기를 간절히 바랐습니다.

나는 숨마저 끊어질 듯 헉헉대었습니다. 그렇다고

해서 침대에 눕지도 못해, 방을 천천히 걸으며 이동해서 다시 베란다로 나갔습니다. 거기에는 내가 온갖 정성을 다해 키운 시계초가 있습니다. 아침에는 허공을 헤매며 붙잡을 곳을 찾던 덩굴이 이제는 제대로 자리를 잡아 위로 오르고 있었습니다. 식물과 접해 보며 알게 된 사실인데, 의외로 식물들은 많이 움직입니다. 특히 덩굴 식물은 왕성하게 휘젓고 돌아다녀서, 잎사귀들이 이쪽저쪽 다양한 각도로 바뀌어 납니다. 그런 식물들을 보며 얼마간 차분해진 시점에서 약이 효과를 발휘했는지, 그날 밤은 잘 잤습니다.

하루만이라도 잠을 잘 자면 몸 상태가 달라집니다. 무엇보다 잠자는 약을 처방해 주는 의사를 발견했다는 기쁨이 컸습니다.

예전에 엄마도 잠을 못 자던 즈음부터 병증이 나타났습니다. 한밤중까지 커피를 한 손에 들고 일본화 그리기에 열중하다가 잠을 자지 못하게 되었죠. 그러다 콘택트렌즈를 눈에서 빼지 못하는 일이 일어났고, 그때부터 조현병 양성 증상, 망상 증상이

가속화되었습니다. 나 역시 엄마의 피를 이어 받은 거라고 지금에서야 생각합니다. 그건 나쁜 일도, 좋은 일도 아닙니다. 그저 사실이 그러합니다. 나 역시 만화에 지나칠 정도로 몰두한 것이 직접적인 원인이 되어 양극성장애의 조증 상태를 불러왔습니다.

만화를 그리는 자신에게만 '좋다'는 신호를 낸다. 나는 그렇게 스스로 자기 긍정감을 지켜 왔습니다. 회사에서 퇴직을 강요당하고, 꿈꾸었던 광고 디자이너도 되지 못한 나. 하지만 만화만은 유일하게 계속하고 있으며, 그게 다른 사람보다 나은 유일한 점이라고 믿어 의심치 않았던 나.

조건부로 자신에게 긍정 신호를 내어 좋은 점은 거의 없습니다. 조건이 사라지면 자신의 가치가 땅에 떨어져 버리니까요. 내가 직접 체험했습니다. 병이 진행되어 만화를 그리지 못하게 되자, 만화도 못 그리는 나 같은 인간은 이제 정말 글렀구나, 하고 절망했죠.

조건부가 아니라 있는 그대로 자신에게 '좋다'는 신호를 내는 건 정말로 어렵습니다. 자신의 가치를 긍정적으로 판단하는 버릇을 스스로 익히지 못하면, 도저히 할 수 있는 게 없습니다. 실제로 지금도 나는 조건부 긍정 신호밖에 내지 못하고 있습니다.

하지만 조금 달라진 점도 있습니다. 나는 출근해서 일하지 않는 날에는 에세이와 만화 작업을 위해 뻔질나게 카페에 드나듭니다. 집에서는 일이 잘 진척되지 않기 때문입니다. 휴식이 전혀 없는 상태로 지내고 있지만, 그때만큼은 맹렬하게 불타오릅니다. 자신 안에 뚫린 커다란 구멍에 뭔가를 채워 넣지 않으면 바람이 쉴 새 없이 들이닥치니 어쩔 도리가 없었습니다. 나는 그곳에 일을 채워 넣었습니다. 하지만 채워 넣으면 넣을수록 내 몸도 마음도 병들어 갔습니다.

어느 날 그걸 퍼뜩 깨닫고, 평소라면 카페에 갔을 시간을 개와 함께 난로 앞에 앉아 멍하니 흘려보냈습니다. 그러자 지금까지의 공허감, 불안감, 그런 것들이 천천히 치유되는 느낌이 들었습니다.

"내게 필요한 건 휴식이었어."

그렇게 당연한 사실도 나는 깨닫지 못했습니다.

엄마와 생활하며 언제 돌발적인 사건이 일어날지 모르는 상태에 놓여 있다 보니, 여유니 평화니 하는 것들을 마음 놓고 누릴 수가 없었습니다. 거기서 어떤 사건이 갑자기 날아들지도 모르니까요. 하지만 그런 생각은 망상이고, 실제로는 일어나지 않습니다.

나는 양극성장애 중에서 제2형이라고 불리는 유형입니다. 제1형과는 달리 우울을 느끼는 기간이 더 길고 조증 상태가 그리 격렬하지는 않습니다. 그래도 온 세계가 총천연색으로 빛나 보일 때가 있습니다. 제2형 양극성장애를 가진 사람은 조증 상태를 컨디션이 좋았던 시기로 기억하기 때문에 조증 상태가 되고 싶어 하는 경향이 있습니다. 나도 꼭 그랬습니다. 조증에 빠져 세계가 온통 빛나 보일 때의 내가 본래의 건강한 자신이고, 지금까지가 이상했던 거라고 생각했습니다.

하지만 착각입니다. 세계가 그토록 빛나 보이는 게 더 이상하죠. 세계는 그렇게 색상이 선명하지도 반짝이지도 않습니다. 나는 항상 한여름에 조증 상태를 반복적으로 겪었기 때문에 한여름의 세계야말로 진짜라고 줄곧 생각했습니다. 조증 상태는 스무 살 즈음부터 경험하기 시작했습니다. 그 뒤로 13년이 지나서야 겨우 그게 조증 상태였음을 깨달 았고, 반짝이던 세계로 돌아가려 조바심치지도 않 게 되었습니다.

나는 지금 또 의사를 바꾸었습니다. 엄마가 다니 는 의사에게 진료를 받는 일이 좋지 않다고 생각했 기 때문입니다. 예전에는 오하라클리닉에 엄마-언 니-나, 이렇게 가족이 총출동해서 진료를 받았습니 다. 그것은 그것대로 좋았지만, 이제는 독립한 개인 으로서 자신과 제대로 마주할 병원을 스스로 찾아 내고 싶었습니다.

물론, 같은 의사에게 진료를 받더라도 비밀 유지 의무가 있기 때문에 가족 간에도 진료 내용이 알려 지지는 않습니다. 그래도 같은 병원이니 마주치는 경우가 종종 있었습니다. 같은 의사에게 다니면서 "그 선생님은 명의지"라는 말을 엄마나 언니가 꺼 내면 "아, 그렇지"라고 맞장구치면서 연대감이랄 까, 하는 분위기가 형성되었습니다. 그러다 보면 엄 마가 의사와 위태로운 관계가 되어 "오하라 선생님은 정말 안 되겠어!"라고 말하는 경우에도 마찬가지로 영향을 받아서 '오하라 선생님은 형편없는 의사구나'라고 생각하게 되죠. 가족의 평가에 따라 의사에 대한 평가가 요동치는 겁니다. 그런 상황을 피하기 위해 나는 의사를 바꾸기로 결심했습니다.

지금 다니는 고야마클리닉의 고야마 선생님은 항상 "힘든 와중에도 하루 씨는 잘하고 있어요. 백점 만점이에요"라고 응원해 줍니다. 처음에는 환자를 빨리 돌려보내려고 상투적인 말을 하나 싶었습니다. 하지만 그런 식으로 생각하기보다 '정말로 나는 잘하고 있구나' 하고 받아들이는 쪽이 내게도 좋겠다는 생각이 들었습니다. 최근에는 고야마 선생님이 그 말을 하면 "네, 저 노력하고 있어요"라고 말하며 얼른 진료실을 나옵니다.

고야마 선생님에게 다닌 뒤에도 잠을 자지 못해 공황에 빠지는 일이 몇 번 있었습니다. 그때마다 선생님이 신중하게 대응해 줘서, 잠을 못 자니 의사를 바꿔야 하나 혼란스러워하지 않고 잘 지나갔습니다.

엄마,
약을 끊다

    처음 떠난 버스 여행에서 엄마는 기분이 몹시 좋았습니다. 내가 삼십대 초반이었을 때니, 엄마는 쉰살 즈음이었을 겁니다. 나, 남편, 언니, 아빠, 엄마, 이렇게 다섯 명이 나가노에서 포도 따기 체험을 하고 고원에서 느긋하게 시간을 보낼 계획이었습니다. 엄마는 이야기를 장황하게 늘어놓으면서 한시도 입을 쉬지 않았습니다. 너무나도 흥분해 있었죠. 시종일관 즐거워 보였습니다. 계속 이야기를 들어주던 언니와 아빠가 지쳐서 졸기 시작하자, 이번에는 나와 남편에게 말을 걸었습니다. 버스 안에는 엄마 목소리만 울렸습니다. 엄마는 피곤한 줄도 몰랐습니다. 돌아오는 길은 정체가 심해서 밤 열 시가 넘어서야 집에 도착했는데도 엄마는 원기 왕성했습니다.

뭔가 이상한데. 나와 남편 모두 그런 느낌이 들었습니다. 나는 언니에게 몰래 물었죠.

"엄마가 너무 흥분해 있지 않아?"

"아, 계속 그런 상태야. 이제 약 안 드시거든."

"뭐?"

"오하라 선생님이랑 크게 싸우고 약을 끊기로 했대."

언니는 담담하게 말했습니다. 조현병 증상은 약으로 통제할 수 있지만, 약을 먹지 않는다고 하면 이야기는 달라집니다. 나는 깜짝 놀랐지만, 이상하게 들떠 있고 기분 좋아 보이는 엄마의 상태를 보고서 약을 다시 먹자는 말은 차마 꺼내지 못했습니다.

오하라 선생님과 왜 싸웠는지는 자세히 모릅니다. 다만, 엄마는 오하라 선생님의 약을 먹으면서 그림을 그리지 못하게 된 것을 줄곧 괴로워하고 있었습니다. 사실, 오하라 선생님에게 다니던 이십 년 남짓한 시간 동안에는 스케치조차 하지 못했습니다. 조현병 약이 예술적 욕망을 억누르고 있었던 것 같습니다. 엄마는 약을 먹기 싫어했습니다. 그래도 자신에게 필요하다고 생각했으니 선뜻 끊지 못했겠죠.

엄마는 버스 안에서 "약을 안 먹으니까 몸 상태가 더 좋아!"라고 말했습니다. 조현병 양성 반응입니다. 본인은 자각하지 못합니다.

엄마가 약을 끊은 지 한 달이 지났을 때 언니가 전화를 걸었습니다.

"큰일 났으니까 좀 와 줘."

나는 급히 본가로 향했습니다. 지금이라면 가지 않을지도 모릅니다. 엄마와 거리를 두고 싶으니까요. 하지만 언니 혼자 엄마를 돌보게 할 수는 없었습니다.

언니가 알려 준 종합치과에 가보니, 엄마는 초록색 바닥에 뒹굴며 "머리가 아파, 머리가 아파!" 악을 쓰며 소란을 피우고 있었습니다.

밖에는 대형 태풍이 와서 폭풍우가 몰아치고 있었죠.

병원 대기실에 엄마 목소리가 메아리쳤습니다.

다른 환자들은 보고도 못 본 척했죠. 아, 또 이런 일이 일어나는구나 하고 생각했습니다. 곤란해하는 사람을 보고도 말을 걸거나 도와주는 사람 하나 없었습니다. 사회의 차가움, 세상의 차가움을 다시금 깨달았습니다.

엄마에게 달려갔습니다.

"엄마, 일단 의자에 앉는 게 어떨까?"

"머리가 아프단 말이야!"

"구급차를 부를 테니까 조금만 참아 봐."

치과다 보니 의료진도 엄마의 상태에 대처하지 못합니다. 구급차를 불러도 폭풍우 때문에 바로 올 수 없다고 합니다. 나는 정신보건복지센터*에 전화를 걸었습니다.

"엄마가 지금 머리가 아프다면서 병원 바닥에서

---

* 일본의 지방자치단체가 인구 400만 명당 14개소로 의무 설치해야 하는 공공 의료복지기관. 한국의 정신건강복지센터와 성격이 거의 비슷하며, 일반 보건소와 달리 정신질환 분야에 특화되어 지역 조사, 상담, 인력 양성, 단기 입소 시설 운영 등 다양한 역할을 담당한다. 한국의 정신장애인 복지카드와 마찬가지로 일본에서도 정신장애인 보건복지수첩을 발급받으면 각종 정신건강 복지서비스 및 혜택을 받을 수 있는데, 전문가의 판단이 필요한 경우에는 이 정신보건복지센터를 통해 수첩을 발급받기도 한다.

뒹굴고 있는데, 구급차도 못 와서요. 여기서 갈 수 있는 병원이 어디 있을까요?"

"지금 대처할 수 있는 병원이 없습니다."

전화는 냉정하게 끊겼습니다.

"경찰에 전화도 해 봤는데, 오는 데 시간이 걸린대."

언니가 말했습니다.

"어떻게 할 방법이 없네."

나와 언니는 망연자실했습니다. 이제 어린애가 아니라고는 하나, 역시 조현병 양성 증상에 대처하기란 무척이나 힘겹습니다. 이런 일을 초등학교 2학년이었던 나와 6학년 언니가 했던 건가 생각하니 서글퍼졌습니다. 절대로 불가능합니다. 우리는 조현병 양성 증상에 무력하니까요.

"이제 나가 주세요. 폭풍우가 심해서 병원 문을 닫아야 합니다."

병원 접수처 직원이 말했습니다. 엄마가 바닥에 뒹굴며 소리를 지르는 걸 보면서도 이런 처사라니. 어떻게 하라는 걸까요?

"하지만 엄마 상태가 좋지 않으셔서 바로 나갈

수는 없어요. 구급차도, 경찰도 요청했지만 폭풍우 때문에 시간이 걸린다 하고요. 올 때까지만 여기 있게 해 주세요."

접수처 직원은 떨떠름하게 납득하는 듯하더니 자리를 떴습니다.

병원 실내 전등이 모두 꺼지고 최소한의 비상등만 녹색 불이 들어왔습니다. 나는 불안했습니다. 어떡하면 좋을까. 엄마를 앉히지도 못하니 택시로 집에 가기도 어려운데. 애초에 이 폭풍우에 택시를 잡을 수나 있을까?

고민하던 와중에 다행히 경찰이 왔습니다.

젊은 경찰이 엄마에게 말을 걸었습니다. 엄마는 응, 응 하며 고분고분 듣더니 소파에 앉았습니다.

경찰은 엄마와 언니, 나를 순찰차에 태워 집까지 바래다주었습니다. 엄마는 기분이 아주 좋았습니다. 일단은 가슴을 쓸어내리며 집으로 돌아갈 수 있게 되었습니다.

그다음 날 다시 전화가 왔습니다.

"엄마가 경찰서에 있어."

234

조현병 양성 증상이 점입가경에 들어선 모양이었습니다. 흥분 상태에서 시작해, 머리가 아프다, 눈이 보이지 않는다, 변비가 심하다는 등의 이유를 대며 병원을 쇼핑하듯 돌아다니다가 망상 상태에 빠지는 겁니다.

　나는 경찰서로 향했습니다.

　경찰서에서는 엄마가 옷을 다 벗어 던진 채 소파에서 방방 날뛰고 있었습니다.

　경찰들도 어떻게 대응하면 좋을지 곤란해하는 모습이었습니다. 이 지경이면 집에서 감당할 수가 없습니다. 아빠도 황급히 달려왔고 언니, 나와 분담해서 입원 가능한 병원을 찾기 시작했습니다. 엄마에게 옷을 입자고 설득해서, 일단 경찰서 소파에 앉혔습니다. 그때부터 1시간 정도 병원을 찾다가 겨우 받아 주겠다는 병원을 발견했습니다.

　택시로 가면 아마도 만 엔 가까이 들 것 같았지만, 비용을 신경 쓸 겨를이 없었습니다. 노란 택시를 불러 앞좌석에 언니, 뒤에는 아빠와 엄마, 나, 이렇게 앉았습니다.

　엄마는 이십대 시절로 돌아간 듯했습니다. 아빠

와 사랑이 넘치던 시절처럼 행동했죠. 택시 운전기사에게는 엄마가 조현병이라 지금 병원으로 가는 길이라고 설명했습니다. 다행히 이해심이 있는 기사님이라 "거참 큰일이네요. 서두르겠습니다"라고 말해 주었습니다. 병원까지 한 시간 가까이 걸렸습니다. 우리 가족은 어서 병원에 도착했으면 하는 마음뿐이었죠. 그동안에도 엄마는 자신의 망상을 아빠에게 비밀 이야기하듯이 되풀이했고, 그때마다 아빠는 "그런 일은 없어" 하고 부정했습니다.

집에서 망상에 빠진 엄마가 부모(할아버지와 할머니)에 대해 절절하게 이야기할 때, 아빠가 내게 "엄마는 어릴 때 많이 힘들었어"라고 말했던 일을 인상적으로 기억하고 있습니다. 엄마 역시 '만 년 동안 살았던 아이'였던 겁니다.

병원에 도착하자 다카기라는 이름의 의사가 진찰해 주었습니다. 바로 입원이 결정되었습니다. 언제나 여자 간호사를 싫어했던 엄마는 취향에 맞는 남자 간호사를 발견하고는 같이 병동으로 향했습니다. 우리 가족은 휴, 하고 가슴을 쓸어내렸죠. 하지만 엄마는 위험한 상태였기 때문에 보호실에 입원하게 되었습니다. 보호실이란 격리가 목적인 개인 병동으로, 이제 쇠창살은 없지만 그 대신 투명한 아크릴판이 끼워져 있습니다. 방에 있는 거라고는 화장실과 이불뿐입니다. 자살하지 않도록 끈 종류나 가늘고 긴 수건 등은 소지를 금지합니다. 엄마는 그런 곳에 입원하게 되었습니다. 나중에 들은 이야기지만, 소란을 피우면 팔다리를 묶어 두는 일도 있었다고 합니다. 엄마는 기억이 잘 안 난다지만, 나는 무척 복잡한 마음으로 그 이야기를 들었습니다.

엄마는 입원 뒤 2주 정도 지나자 차분해져서, 보호실에서 면회도 할 수 있게 되었습니다. 아크릴판 너머로 보는 면회였지만요.

"이 버튼을 누르고 '스님, 얼음 주세요'라고 말하면 얼음이 와."

엄마는 간호사를 부르는 버저를 가리키며 신나게 말했습니다. 엄마의 망상에는 스님이나 선녀가 자주 등장하는데, 엄마는 간호사 선생님을 스님이라고 생각하는 듯했습니다.

"그렇구나, 얼음을 먹어서 좋았겠네."

나는 뭐라고 하면 좋을지 몰랐지만, 일단 말을 받아 주었습니다.

내가 어렸을 때와는 달리 이번 입원에서는 씻기기 편하다는 이유로 머리를 짧게 잘리는 일도 없었습니다. 엄마는 이불 속에서 온종일 잠을 자는 모양이었습니다.

한 달이 지나서야 일반 병동으로 옮겼습니다. 엄마는 스케치북과 색연필을 갖다달라고 했습니다.

다카기 선생님이 처방해 준 약을 먹으며 엄마는 그림을 다시 그릴 수 있게 되었습니다. 엄마는 병동 환자들을 모델로 그림을 잔뜩 그려, 병문안을 갈 때마다 보여 주었습니다. 다카기 선생님에게도 그림을 보여 주었지만, 다카기 선생님은 딱히 칭찬을 해 주지는 않았고 어디까지나 의사의 눈으로 그림을 보는 듯했습니다.

엄마는 순조롭게 회복해 3개월 정도 만에 집으로 돌아왔습니다.

병원에는 한 달에 한 번, 아빠를 동반해서 다닙니다. 엄마 혼자 의사를 만나서는 평소에 어떻게 하는

지 상태를 전달할 수 없으니까요. 가족의 눈으로 본 엄마의 상태가 중요합니다. 내가 '만 년 동안 살았던 아이'였던 시절에는 엄마와 함께 병원에 가는 일이 한 번도 없었던 아빠였지만, 퇴직하고 시간이 생기면서 엄마 간병을 하겠다는 마음이 생긴 모양이었습니다.

엄마가 발병했던 내 초등학교 2학년 때와는 모든 게 달라졌습니다. 나는 어른이 되었고, 어디에 연락하면 좋을지도 알며, 가족 모두 엄마의 병에 대처할 수 있습니다.

하지만 역시 '만 년 동안 살았던 아이'인 나는 엄마의 망상에 맞춰 주는 말만 하고 있었습니다. 엄마가 더 소란을 피우거나 다른 장소에 가지 않도록 제어하려고 합니다. 지금 생각해 보면, 나도 참 변함이 없었구나 싶습니다.

그 뒤에도 엄마는 입원과 퇴원을 반복하면서 병과 함께하고 있습니다. 망상은 줄었습니다. 지금 엄마는 여름까지 남색 블라우스를 만들겠다는 생각을 하고 있습니다. 워낙 손재주가 좋은 사람이어서, 어린 시절에는 나와 언니에게 기모노와 덧옷을 손

바느질로 만들어 주기도 했습니다. 엄마는 옷에 고집도 있고 여름 더위에도 약해서, 시원한 마나 면 100% 소재가 아니면 입지 않았습니다. 병이 악화된 것도 언제나 여름이었죠. 하지만 지난여름은 입원하지 않고서 보낼 수 있었습니다.

"나 또 입원해?"

한 달에 한 번 엄마에게 전화를 걸면 불안 섞인 질문을 듣습니다.

역시 입원은 싫은가 봅니다.

"시원한 바람이 나오는 병원에서 지낼 수 있잖아. 휴가라고 생각하면 좋지 않을까?"라는 말을 덧붙입니다.

본가인 단독주택은 이제 지은 지 70년 이상이 된 낡은 집이라 냉방을 해도 효과가 좋지 않습니다.

요즘 엄마는 마당의 작은 화단을 손보는 데 몰두하고 있습니다. 특히 시클라멘과 달개비를 마음에 들어 합니다.

"시클라멘이 만개했어. 이제 달개비 꽃이 잘 필까 신경이 쓰이네."

나는 노지 식물에는 전혀 관심이 없었기 때문에 엄마의 말에 놀랐습니다.

　엄마는 그 화초를 또 그림으로 그리겠죠. 그렇게 계절은 돌고 돕니다.

현재의
나

　나는 스물여섯 살에 지금의 남편을 만나, 스물일
곱 살에 본가를 나왔습니다.

　본가를 떠나고 싶다는 생각은 늘 하고 있었습니
다. 한 달에 한 번은 정례 행사처럼 엄마가 아빠에
게 소리를 지르곤 해서, 그런 소란이 없는 환경을
갈구하고 있었기 때문입니다.

　엄마가 아빠에게 소리치는 이유는 주로 집안일
을 하는 방식 때문이었습니다. "그 사람은 그냥 말
을 해서는 아무것도 안 해. 그래서 소리라도 질러서
하게 만드는 거야." 아빠는 아빠대로 할 말이 있었
습니다. 엄마가 부탁해도 좀처럼 하지 않았던 경우
가 없진 않지만, 엄마는 소리를 지름으로써 아빠를

통제하려 한다고 생각하고 있었죠. 소리를 지르지는 않았지만 나도 똑같은 짓을 하고 있었구나, 하고 지금에 와서야 깨닫습니다.

나는 본가를 나가야겠다는 결심을 하고 부동산 중개소에 갔습니다.

"혼자 살 방을 찾는데요."

"월급은 얼마예요?"

"세후 16만 엔입니다."

"정규직이에요?"

"네."

"정규직이면서 그 정도면 너무 적은데. 적당한 방이 없어요."

월급이 적다는 말에 충격을 받았습니다. 자립할 만큼 저축해 놓지 않았다는 초조함이 솟았죠. 지금 생각해 보면 16만 엔으로도 혼자서 충분히 살아갈 수 있습니다. 하지만 나는 처음 간 부동산에서 들은 말에 충격을 받고 방 찾기를 포기해 버렸습니다.

그즈음 현재의 배우자와 사귀기 시작했고, 둘이 함께라면 동거라는 형태로 집을 나갈 수 있겠다는 생각이 들었습니다. 그에게 동거를 제안했더니 수락을 해서, 드디어 집을 나갔죠.

집을 나가 살면서 남편에게 가장 놀랐던 것은 그릇을 떨어뜨려서 깨뜨려도 화를 내지 않는다는 점이었습니다. 우리 집에서는 그릇을 깨뜨리면 "뭘 하고 있었던 거야!" 하고 호된 소리를 들었으니까요. 그릇을 깨뜨렸을 때 "괜찮아? 어디 다친 데 없어?" 하고 걱정부터 해 주는 남편의 태도를 대하고 나는 문화 충격을 받았습니다. 일부러 식기를 깨뜨리는 사람은 아무도 없습니다. 그런데도 소리 지르고 혼부터 내는 건 과도합니다.

내가 집을 나온 뒤에도 엄마에게서 "걱정이야"라는 전화는 그치지 않았습니다. 하지만 나는 엄마에게 바로 가 보지 않습니다. 엄마와 나 사이의 거리감에 문제가 있다는 사실을 점점 깨달았기 때문입니다. 떨어져 지내보고서야 내가 엄마에게 붙들려 있었음을 깨달았습니다. 마찬가지로 언니에게도 붙들려 있었습니다.

언니와 엄마는 다른 사람이 긍정 혹은 부정해 주

기를 바랄 때, "○○인데, 괜찮겠지?"라든가 "나 이 상하지 않지?" 하고 답이 뻔히 보이는 질문을 종종 합니다. 나는 그때마다 상대방이 원하는 대답을 해 주려고 애썼습니다. 하지만 마음속에서는 그런 대 답을 거부하고 있었습니다.

나는 이제 자조 모임에 참여하고 있습니다. 그리 고 '상대방이 바라는 반응을 알고 있다'는 내 생각 도 근거 없는 주관임을 알았습니다. 언니와 엄마는 불안해서 그런 이야기를 하는 것이고 나는 그 불안 을 제거할 수 있다는 식의 생각은 오만함이 불러온 결과일 뿐, 실제로는 내게 그런 능력이 없다는 뜻입 니다.

자조 모임과 연결되기까지 오랜 여정을 거쳤지 만, 여기서 자세히 다루지는 않겠습니다. 아직 공개 적으로 표현할 용기가 없기 때문입니다.

나는 자조 모임에 참여하면서, 내가 다른 사람을 통제하고 싶다는 욕구에 휘둘렸음을 뼈저리게 인 정했습니다. 나는 무력했습니다. 나는 신이 아니었 습니다. 말 그대로입니다. 나는 인간이므로 할 수 없는 일이 무수히 많습니다.

나는 '만 년 동안 살았던 아이'로서 전지전능한 신이라도 되는 듯 행동하며 살아왔습니다. 어린 시절에는 그것밖에 살아남을 방법이 없었고, 그 역시 신이 내게 준 힘이었습니다. 신은 나를 업어 주었고, 마치 신이 된 듯 착각할 정도의 힘을 내려 주었죠.

그러다 사춘기에 들어서고 엄마의 증상이 누그러졌을 즈음, 간신히 내 발로 서게 되었습니다. 하지만 이미 무척이나 허약해진 상태여서 제대로 서지 못했습니다. 이런 상태는 지금도 지속되고 있습니다. 내 몸뚱이가 얼마나 허약한지, 사람을 통제하고 싶다는 욕구에 얼마나 무력한지 인정해야 했습니다.

무력함을 더 구체적으로 말한다면, 자력을 사용하지 못하는 상태입니다. 자력이란 스스로 해결하는 힘인데, 이미 내게는 불가능했습니다. 이전에 너무나 과도하게 써 왔으니까요.

예컨대, 나는 엄마와 언니를 실망시켰다는 말을 들을 리 없는데도, 함께 이야기할 때 즐겁게 해 주고 싶다, 행복하게 해 주고 싶다는 과한 생각으로 재미있는 이야기만 마구 늘어놓았습니다. 내가 느끼는 괴로움에 대해 이야기한다면 나와 있어도 즐겁지 않을 테니 실망하리라 생각했죠.

애초에 '실망하다'라는 감정도 엄마와 언니의 감정이므로 내가 통제할 수 없습니다. 그럼에도 나는 항상 행복을 연기해야만 했습니다. 그런 식으로 행동하는 데에 나는 무력합니다. 늘 실망시키지 않을 행동만 하려 했던 자신을 인지하고 고치려 애쓰는 것 또한 자력입니다. 나는 엄마와 언니의 행복에 무력했습니다. 그건 내가 어떻게 할 도리가 없습니다. 이를 인정하고, 혼자서 어떻게든 해결하려는 시도를 멈추어야 합니다. 다른 사람의 감정을 통제하려 들었을 때도 자책하기보다 '나는 무력하다'고 생각하면 됩니다. 현실에서는 그조차도 어려운 경우가 있습니다. 그래도 괜찮습니다. 우리는 불완전하니까요. 그리고 그걸 자조 모임 동료나 후원자에게 이야기하며 인정해 나가면 됩니다.

자조 모임에는 '익명성'을 지킨다는 규칙이 있습니다. 이러한 규칙이 있는 이유는 자조 모임에 있는 12단계 회복 프로그램의 원리를 우선하기 때문입니다. 어떤 사람이 "회복했다!"라며 히어로처럼 등장해 "나는 이런 방법으로 해냈습니다. 이렇게 하면 회복됩니다!"라는 극복 체험을 나누는 자리가 아니기 때문입니다. 우리는 '미끄러지다'라고 표현하는, 이전의 나쁜 증상이 다시 나타나는 경험도 합니다. 히어로가 미끄러지면 '역시 그런 방식은 절대 안 되나 보다' 하고 생각하게 되므로 익명성을 지킵니다.

자조 모임에는 다양한 종류가 있습니다. 알코올 의존증 모임, 알코올 중독자 모임, 어덜트 칠드런 모임(Adult Children, 어린 시절 부모에게 가정폭력을 당해 어른이 되어서도 PTSD를 겪는 사람), 약물 중독자 모임, 도박 중독자 모임…… 그밖에도 많이 있습니다.

나도 매일 미끄러지고 있습니다. 특히 예전에 다니던 직장 내 인간관계에서 그랬습니다. 직장에서는 정말로 사소한 데 신경이 쓰였습니다. 예를 들면 상사나 동료의 기분입니다. 기분이란 그 사람의 것이므로 내가 그의 기분을 좌우하거나 통제하려고 해서는 안 됩니다. 하지만 나는 상사의 한숨이나 목소리 톤 등 사소한 변화를 감지하고는 '기분이 나뿐가? 내가 뭔가 하지 말아야 할 짓을 했나?'라는 자책에 휘말려 망상의 세계로 들어가 버립니다.

처음에는 그게 망상임을 깨닫지 못했습니다. 자조 모임의 '동료'에게 "그 사람이 기분이 나쁠지도 모른다는 생각도 망상이에요. 만약 기분이 나쁘다고 해도 나가노 씨가 그 원인일 리 없잖아요? 수면 부족이라든가, 집안 문제로 걱정이 있다든가, 기분이 좋지 않을 이유는 여러 가지가 있죠"라는 말을 몇 번이나 들었지만, 그럼에도 신경이 쓰입니다.

자조 모임에서는 주 2회 정도 미팅을 합니다. '걱정 말고 모두 털어놓기, 모두 들어주기'라고 해서, 다른 사람이 하는 말에 끼어들어 논평을 하지 않는다는 규칙 아래 말하는 자리입니다. 물론 한 차례 말한 뒤에는 후속 과정이 있어, 그때는 자유롭게 자신의 괴로움에 대해 질문하거나, 동료의 고민을 함께 고민하거나, 서로 격려해 주기도 합니다. 그때 그런 말을 들었습니다.

하지만 상사의 기분을 지나치게 살피다 보니 '내 탓일지 모른다'라는 생각은 금방 바뀌지 않았습니다. 사실, 생각해도 됩니다. 대신에 곧바로 '그건 망상이야!' 하고 자신에게 알려 주는 목소리를 동료들과 함께 키워 나가는 겁니다.

한때 직장에서 실수를 할까 봐 너무나도 무서워서 팩스조차 보내지 못했던 시기가 있었습니다. 수신처를 착각했으면 어쩌나 싶어서 좀처럼 발신 버튼을 누르지 못했습니다. 그럼에도 업무니까 발신 버튼을 눌러야 합니다. 그 뒤에 팩스가 제대로 발송되었는지 몇 번이나 확인했습니다. 하지만 그것만으로는 성에 차지 않아 집에 가서도, 심지어 휴일에도 '팩스가 제대로 도착했을까?' 하는 걱정에 사로잡혀 있었습니다. 강박입니다. 이쯤 되면 정말로 병이구나 하고 여러분은 생각하시겠죠.

그렇습니다. 이게 내 병입니다. 내가 실수를 하지 않으려고 애쓴 이유는 상사가 나를 능력 있는 사람이라고 여기길 바랐기 때문입니다. 그런 이야기는 '후원자sponsor'에게 털어놓습니다. 후원자는 '먼저 경험한 동료'로서, 자신보다 먼저 자조 모임에 참여하여 12단계를 끝까지 마친 사람입니다.

"나가노 씨, 일을 잘하면 어떤 점이 좋을까요?"

"좋은 평가를 받고, 자신감이 생겨요."

"그러면 자신에 대한 평가를 다른 사람에게 맡기는 셈이네요. 그러면 자존감이 타인에 따라 오르락내리락하지 않아요?"

"확실히 그렇…… 죠."

"일을 잘하면, 잘하는 사람에게 점점 더 일이 몰려서 바빠진다는 단점도 있어요. 적당한 정도로 해야 일의 양이 늘어나지 않아서 더 좋죠."

눈앞을 뿌옇게 가리고 있던 뭔가가 떨어져 나가는 느낌이었습니다. 최저임금 수준의 월급을 받는 내가 아무리 업무를 뛰어나게 잘한들 월급이 올라가지는 않습니다. 나보다 먼저 들어온 시간제 직원과 시급에서 30엔 차이가 난다는 걸 눈으로 확인했을 때, 이 회사의 경영자는 고작 30엔도 아까워하는구나 싶어 우울한 기분을 느꼈습니다. 최저임금 수준에서 뛰어나게 일을 잘한다는 건 경영자에게 더 이득이죠. 적은 임금으로도 좋은 결과를 얻을 수 있으니까요. 게다가 그 회사의 상사는 사장의 부인이었으니 경영자나 마찬가지였습니다.

나는 그때 눈을 떴습니다. 인정받고 싶다, 지금의

나로는 안 된다고 가위표만 계속 그리는 일은 스스로를 괴롭힐 뿐입니다. 하지만 그걸 멈추지는 못합니다. 무력합니다. 무력함을 인정했을 때는 행동을 바꾸어야 하는 법이죠. 내 경우에는 상사의 기분을 파악하는 데 매달리지 말기, 그리고 잡담을 그만하기로 결심했습니다. 나는 직장에서 전혀 잡담을 하지 않으려고 합니다. 지금까지는 직장 분위기를 좋게 만들기 위해 세상 돌아가는 이야기가 필수적이라고 생각했습니다. 침묵이 이어지면 상대방이 어떤 기분인지 알 수 없습니다. 기분이 좋지 않을지도 모른다는 망상이 마음속에 퍼지죠. 그래서 나는 이런저런 잡담을 하며 상대방의 기분을 항상 확인하고 있었습니다. 그런 행동을 멈춰 보았습니다. 그러자 역시나 '이 사람, 지금 기분이 나쁜 거 아닐까' 하는 망상이 솟아났습니다. 그렇게 망상에 휘둘릴 때는 '지금, 망상입니다!' 하고 또 다른 자신이 객관적으로 판단해 주기도 합니다. 나는 이처럼 일상적인 인간관계에서 무척이나 무력합니다.

생각해 보면 지금까지 줄곧 그렇게 직장에서 눈치 같은 걸 보며 살아왔습니다. 그러면서 한편으로는 내가 직장의 분위기를 통제하고 있다는 자부심을 품고 있었습니다. 엄마에게 했던 행동의 재탕이죠. 나는 그렇게 엄마의 병과 사회에서 겪는 어려움을 통제하려 애쓰면서 자랐기 때문에 이를 멈출 수가 없었습니다. 그 사실을 인정하자 어깨의 짐을 내려놓은 듯 편안해졌습니다.

12단계 프로그램은 무력함을 인정하고, 자기 나름대로 이해한 위대한 힘을 믿고, 그 힘에 자신을 맡기는 데서 출발합니다. 자신은 신이 아니라 인간임을 인정하고 각자 자신만의 신을 '더 위대한 힘'이라 부르며 믿고 따릅니다. 신은 항상 나를 사랑해줍니다. 그 사실을 깨닫기까지 몇십 년이나 걸렸습니다.

신의 사랑은 이미 행해지고 있으므로, 그다음은 신의 사랑을 깨닫고 받아들일 마음이 있느냐가 문제입니다.

신이라고 하면 종교가 떠올라서 싫은 사람도 있을 겁니다. 나도 그랬습니다. 자조 모임에 참여하는 동료들 대부분이 그런 생각을 품고 있습니다. 온통 무신론자나 불가지론자뿐이죠. 여기서의 신은 '자기 나름대로 이해한 위대한 힘'으로 납득하고 있습니다. 다른 누군가의 신, 특정 종교를 믿을 필요는 없습니다.

나는 고독했습니다. 나처럼 정신장애가 있는 엄마 때문에 힘든 경험을 했던 사람을 만나 본 적이 없었으니까요. 하지만 자조 모임과 연결되면서 알코올 의존증 부모가 있는 사람, 학대를 받았던 사람 등 성장기에 고통을 겪은 다양한 사람들과 만났습니다. 고독이 치유되었다고는 아직 말하기 어렵지만, 최소한 함께 이야기할 사람을 얻을 수 있었습니다.

지금 나는 '외롭다'라는 마음과 마주하기 위해 분투하고 있습니다. 외로우니까 일정을 자꾸 채워 넣고, 그러다 결국 피곤해져서 쓰러지듯 잠드는 일을 반복하고 있습니다.

취하지 않고 맑은 정신으로 있는 게 싫습니다. 항상 어떤 일에 빠져 있고 싶습니다. 맑은 정신이란 자신과 투명하게 마주함을 의미합니다. 자신과 마주해 봐야 변변한 데라고는 보이지 않습니다. 너무나도 공허해서 누군가에게 사랑받고 싶다는 생각을 늘 합니다.

아니, 법적으로 혼인도 했으니 배우자가 있지 않느냐고 말하는 사람이 있을지도 모르겠네요. 하지만 그와는 다른 문제입니다. 내 안에 뻥 뚫려 있는 '외로움'이라는 구멍을 배우자로 막으려 해서는 안 됩니다. 내 후원자는 그곳이 신이 들어갈 자리라고 말했습니다.

오래전에 나는 결혼하면 운명 공동체가 되리라고 생각했지만, 이제는 그렇게 생각하지 않습니다. 결혼을 해도 타인은 타인이며 각기 독립적인 개인입니다. 하지만 다른 사람을 통제하려는 내 병은 남편에게도 예외가 아닙니다. 실제로는 가능하지 않은데도 할 수 있다는 망상을 버리지 못합니다. 그 무력함을 인정하는 것, 그리고 '외로움'은 그대로 놓아두는 것, 그것이 지금의 과제입니다.

'외로움'을 다른 뭔가로 묻어 버리면 신이 제대로 들어가지 못한다고 합니다. 지금 이 글을 쓰고 있는 순간에도 나는 '외롭다'라고 느낍니다. 그런 마음을 끌어안은 채 자신의 무력함을 인정하며 살아가려고 합니다.

혼자서는
힘겹다

나는 지금 궁극적인 반反자기책임론을 시도하고 있습니다.

자조 모임에서는 지금까지 일어났던 다양한 망상에 대해 무력함을 인정하고 자신이 하는 모든 행동을 솔직하게 이야기합니다. 그런 뒤 동료와 후원자가 말하는 대로 행동을 바꾸기 시작합니다. 병에 시달리는 머리로 생각해 낸 행동은 혼란만 낳는다는 사실을 깨닫고 동료나 후원자, 나아가 신에게 맡기는 것입니다.

맡긴다고 해도 행동을 강요당하지는 않습니다. 어디까지나 최종 결정하는 사람은 자신입니다. 또 그렇게 행동을 변화시킨 결과가 실패라고 해도 비난받지 않습니다. 실패하면 다른 행동을 제안받고 또다시 시도해 보면 됩니다. 세상은 자기가 선택한 것의 결과에 책임이 따른다고 말하지만, 여기서는 '자기 책임' 금지입니다.

"실패했어? 괜찮아, 괜찮아. 다시 해 봐! 낙심할 필요 없어!"

후원자에게 몇 번이나 그런 말을 들었을까요? 중요한 건 자기 선택입니다. 자기 선택과 자기 책임은 한 묶음이 아닙니다. 나는 병든 머리로 타인의 감정과 미래에 생길 불안을 지레짐작해서 이상한 방향으로 가 버리곤 했습니다. 아직 일어나지도 않은 일을 걱정하며 대책을 마련하려고 필사적으로 애썼죠.

후원자는 현실과 망상을 구분해서 지금 해야 할 행동을 제시해 줍니다. 나는 그에 따라 행동합니다.

나는 사회를 적이라고 믿어 왔습니다. 구체적으로는 회사라고 해야 할까요.

후원자는 회사가 적이 아님을 가르쳐 주었습니다. 나는 지금까지 회사에서 온갖 '갑질'과 성희롱을 당했습니다. 그래서 회사를 적대시했죠. 예전에 일했던 회사도, 그전에 일했던 회사도 그런 괴롭힘 때문에 그만두었습니다. 나는 유급휴가가 며칠이나 나오는지 물어보는 행동은 해고당하겠다고 말하는 것과 마찬가지라고 생각했습니다. 시간제 비정규직인 주제에 유급휴가라는 권리를 주장하다니, 성가시다고 여기며 해고할 거라 굳게 믿었죠. 그래서 나는 유급휴가라는 말을 상사 앞에서 꺼내 보지도 못했습니다.

후원자와 동료들은 '유급휴가가 얼마나 나오는지 물어본다고 해고당하지 않는다'라는 지극히 당연하고 기본적인 사실을 가르쳐 주었고, 상사에게 질문할 용기도 주었습니다. 내 세계에서는 회사에서 일한다는 건 무슨 말이든 고분고분 듣는 노동자가 되는 것을 의미했기에 권리 따위를 주장해서는 안 된다고 생각했죠. 어찌어찌 유급휴가를 받기는 했습니다. 그 휴가는 코로나로 결근을 하면서 몽땅 사라져 버렸습니다만.

이런 식으로, 동료들 덕분에 잘못된 확신과 망상을 차례차례 고쳐 나갔습니다. 결코 나 혼자서는 할 수 없는 일이었습니다.

마지막 글에서 내가 강하게 주장하고 싶은 바는 그 부분입니다. 나와 같은 경우에 처한 사람, 자신과 비슷하다고 생각하는 사람에게 말하고 싶습니다.

모든 걸 혼자서 하려고 애쓰지 마세요. 내가 이 책에 쓴 내용을 그대로 따라 하면 회복되리라고도 생각하지 마세요.

건강한 사람은 자기 집에 운석이 떨어질 리 없다고 생각할 겁니다. 하지만 나는 그런 일이 일어날지도 모른다고 걱정합니다. 운석이 날아들 거라 생각할 정도면 교통사고는 오죽할까요?

여러분은 외출할 때마다 '교통사고를 당할지도 몰라' 하고 걱정하지는 않을 겁니다. 하지만 나는 늘 그런 고민을 하는 사람입니다. 미래에 일어날 최악의 불행을 떠올리며 생활합니다. 얼마나 지독한 생활일까요?

괴로워하면서도 계속 그렇게 해 왔습니다. 왜냐하면 최악의 불행이 일어날 확률은 0%가 아니니까요. 만에 하나, 실제로 사건이 일어났을 때를 대비해 0.01%의 가능성에 마음을 할애합니다.

내 인생에서 그런 정도의 불행이 일어난 적은 없습니다. 그럼에도 모든 일에 최악을 상정하고, 이런저런 고민을 멈추지 못합니다.

교통사고를 당하지 않으면 주의를 기울인 덕분이라는 성공 체험이 되어 버립니다. 최악의 불행을 예측했기에 무사했다고 믿는 겁니다. 매 순간, 매사가 그런 느낌이어서 나는 삐걱대는 자동 양철 인형처럼 살아왔습니다.

하지만 자조 모임과 만나면서 달라졌습니다.

자조 모임에서는 우선 집단 지성을 활용해 불안에 대처합니다. 집단 지성이란 자조 모임에 오랫동안 축적되어 온 경험을 말합니다. 역사가 있는 모임에 참가하면, 내 경험을 예전에 누군가가 이미 겪은 경우가 종종 있습니다. 그 지혜를 빌리는 거죠.

우선, 교통사고가 일어날 거라는 망상에 무력함을 인정하는 것이 중요합니다. "교통사고가 일어난다는 생각은 망상이니까 하지 마!"라는 식으로 이야기하지 않습니다. 교통사고가 일어날 거라는 망상을 해도 괜찮다고 인정해 줍니다. 생각은 그리 쉽게 변하지 않기 때문입니다. 그렇다면 무엇을 변화

시킬까요? 행동입니다. 교통 법규를 지키면서도 과도하게 차를 두려워해서 길 끄트머리를 걸어가는 사소한 습관 같은 걸 바꿔 보는 겁니다.

그리고 근거 없는 낙관론을 신에게 받습니다. 신은 나를 사랑해 주니까 나쁜 상황에 몰아넣지 않을 거라고 믿습니다. 단적으로 표현하자면 '신앙'이 되겠죠. 건강한 사람들은 근거 없는 낙관론을 많이 지니고 있습니다. 해외여행을 가더라도 '틀림없이' 자신이 탄 비행기는 떨어지지 않을 거라 믿고, 실제로도 사고 없이 낙관론을 지속해 갑니다. 내게는 그런 낙관론이 생겨나지 않습니다. 그래서 신앙이라는 형태로 신이 보강해 줄 필요가 있습니다.

자조 모임의 프로그램은 무력함을 인정하는 데에서 시작해, 이타적으로 살아가게 되기까지의 흐름으로 구성되어 있습니다. 나도 12단계 프로그램을 모두 마쳤습니다.

무력함을 인정하는 데에만 1년이나 걸렸습니다. 차츰 자신의 힘으로 망상을 다스릴 필요성이 나타납니다. '어쩌면⋯⋯'. 이 단어는 내게 악마의 속삭임이었습니다. if(만약)만 떠올리면 미래에 일어날 일이 끝도 없이 가지를 뻗어, 그걸 하면 이런 일이 일어나고, 이런 일이 일어나면…… 하는 식으로 망상이 꼬리에 꼬리를 물었습니다. 사람은 하루에 5만 가지 고민을 한다고 합니다. 내게는 그 80%가량이 망상이었습니다. 병이 심했을 때는 100%였죠.

나만의 규칙을 만들어 집착하는 것도 병입니다. 온라인 채팅으로 메시지를 주고받을 때 반드시 이모티콘을 보내며 끝내야 한다는 규칙도 있었죠. 거실에는 개인 물건을 두지 않는다거나, 주말에는 반드시 부부가 함께 장을 보러 간다거나, 빨래는 부부가 함께 한다거나(지금은 따로 합니다) 하는 규칙도 있었습니다. 후원자나 동료들에게 "왜 그런 규칙이 있어요?"라는 말을 듣기까지 그게 우리 집에만 있는 특별한 규칙이라는 사실을 몰랐습니다. 지적을 듣고 하나씩 없애 나갔습니다.

아참, 온라인 이모티콘 이야기를 하던 참이었죠.

여러분은 온라인으로 대화할 때 상대방이 쓴 말을 보고도 응답 없이 그냥 지나칠 수 있나요? 나는 그걸 절대로 해서는 안 되는 행동이라고 지금까지 생각했습니다. 그래서 채팅 앱을 열 때마다 가슴이 쿵쾅거립니다. 바로 대답하기 어려운 내용이면 어떻게 하나 안절부절못하죠. 어떻게든 얼버무리려고 애쓰기도 했습니다. 하지만 후원자들에게 "굳이 대답하지 않아도 '봤다'는 표시가 되는 거니까 괜찮아요"라는 말을 듣고 인생에서 처음으로 응답을 참아 보았습니다.

처음에는 어찌나 가슴이 쿵쾅거리는지 당장이라도 '조금 바빠서 바로 대답을 못 했어'라고 변명할 뻔했습니다. 하지만 꾹 참았죠. 만약 응답 없이 지나갔을 때 '왜 읽고 씹는 거야? 대답 좀 해'라고 하는 사람이 있다면 인간관계의 거리감에 문제가 있는 거라고 생각합니다. 그때는 그 사람과 계속 대화를 주고받을지, 친구로 지내는 게 맞는지를 다시 생각해야 할 때일지도 모릅니다. 실제로 내가 응답 없이 지나쳤을 때 아무런 일도 생기지 않았습니다.

나는 다른 사람에게 지나치게 신경을 씁니다. 예컨대 여럿이 대화할 때는 모두 평등하게 대화하고 있는지가 마음에 걸려서, 앞으로 남은 시간이 얼마인지 걱정하기도 합니다. 그건 아마도 평생 내게서 없어지지 않겠죠. 온라인 채팅이라는 새로운 문명의 이기가 추가되면서 나는 살기가 더 힘들어졌습니다.

내가 본가를 나온 지도 16년이나 되었습니다.

16년 동안은 거의 엄마를 돌보지 않았다고 해도 과언이 아닙니다. 나는 엄마를 좋아합니다. 하지만 나는 엄마를 돌보지는 못하겠다고 생각합니다. 한때 엄마의 병이 재발하자 언니에게 모든 부담이 가서 무척 미안했던 적도 있었습니다. 언니에게 "앞으로 하루는 엄마를 돌봐 드릴 마음이 있니? 나 혼자서는 너무 힘에 부치는데"라는 말을 들었죠.

나는 그때 "최대한 국가 제도에 의지해 보고, 그래도 안 되는 부분은 나도 힘을 보탤게" 하고 대답했습니다. 언니도 납득하는 것 같았습니다.

엄마에게 조현병이 발병한 1980년대에는 나라의 지원이 전혀 없었습니다. 나와 언니는 일하러 가서 집에 없는 아빠를 대신해 고립무원의 싸움을 했죠. 엄마와 아빠의 노후는 그렇게 되지 않았으면 합니다. 혼자서는 무리니까요.

나는 모든 상황을 자기 책임으로 받아들이며 살

아왔습니다. 하지만 그러한 삶은 결과적으로 병적인 부분을 가속화할 뿐입니다. 나는 이제부터 고독해지지 않기로 했습니다. 지금 다른 이들과 관계 맺기가 힘든 사람도 포기하지 말았으면 좋겠습니다. 혼자서 고민하던 문제를 안정되고 안전한 장소에서 이야기할 수 있는 것만으로도 마음이 한결 편안해집니다. 나는 그런 경험을 많이 했습니다.

이제 고립되는 일은 없겠죠. 자조 모임에서 나는 앞으로도 무력함을 인정하고 신에게 빌고 명상하며, 그렇게 하루하루와 격투해 나가겠죠. 회복은 있어도 완치는 없는 병과 함께.

—

1980년대 일본에서는 의료보다 치안을 우선한 '정신위생법'의 시행으로, 세계에서 예를 찾아보기 어려울 정도의 장기 입원 및 열악한 의료 행위 하의 폐쇄 병동 입원 등이 행해졌습니다. 1987년 '정신보건법'으로 이름이 개정되면서 임의 입원 규정, 정신의료심사회 신설, 사회 복귀 시설 신설 등 몇 가지 조항이 개정되었습니다. 그러나 당사자 및 가족들이 폐지를 요구하던 보호 의무자 규정이 그대로 남았고, 조치입원도 의료보호입원으로 명칭만 바뀌는 등 여전히 부족한 점이 많습니다. 1995년 '정신보건복지법'으로 바뀐 뒤에도 이러한 상황은 변함이 없습니다.

　나는 평생 낫지 않을 병 두 가지를 등에 짊어지고 있습니다.

　'만 년 동안 살았던 아이'라는 병, 그리고 제2형 양극성장애입니다. 이 두 가지 병은 제대로 잘 성장하지 못해 짊어지게 된 내 취약점입니다. 불공평하다고 원망한 적도 있었습니다. 왜 나는 건강한 부모에게서 태어나지 못했을까 하고요.

　하지만 지금은 원망하지 않습니다. 내 마음은 비뚤어진 채 성장했습니다. 비뚤어진 마음 형태는 이제 되돌리지 못합니다. 비뚤어진 채로 살 수밖에 없습니다.

　그래서 절망하고 지쳐 버리는 날도 있습니다. 비

뚤어진 모습이 매일 튀어나와 생각지 못했던 고통을 던지기 때문입니다. 왜 나 같은 인간으로 살아야만 하는가 하고 자문합니다.

가능하다면 과거로 돌아가, 여덟 살이었던 나를 구해 주고 싶습니다. 하지만 그건 불가능합니다. 나는 나로 살아야만 하니까요.

나는 이 책에서 자신이 얼마나 비뚤어져서 자랐는지를 드러냈습니다. 나의 성장 과정은 객관적으로 봐도 가혹할 겁니다. 비뚤어진 자신을 받아들이고 살아가기란 노력으로만 되는 일이 아닙니다. 세월이 필요합니다.

고독해져서는 안 된다고 생각하면서도 껍데기 속에 틀어박히는 날이 있습니다. 사람들과 있으면 내 비뚤어진 면이 두드러져 보여서 지쳐 버리기 때문입니다. 또한 양극성장애는 파도처럼 나빠졌다가 다시 좋아지는, 예측하기 어려운 상태가 반복됩니다. 두 가지 병이 인생에 번갈아 나타나며 나를 농락합니다. 농락당하는 자신을 돌보는 것조차 싫어질 정도로 자포자기에 빠집니다. 돌보지 않으면 계속 황폐해질 뿐인데도, 막을 기력조차 내지 못할 때도 많습니다. '만 년 동안 살았던 아이'로 사는 일은 편치 않습니다.

나는 자조 모임에서 수많은 '만 년 동안 살았던 아이' 동지들을 발견했습니다. 제대로 성장하지 못하며 겪은 고난은 몇십 년이 흘러도 치유되지 못하고 사람 마음의 형태를 바꾸어 버립니다. 그래서 우리에게는 그걸 보완할 장소가 필요합니다.

지금도 여전히 만 년 동안 살았던 아이들은 계속 생겨나고 있겠죠.

나는 자조 모임에서 자녀를 가혹하게 대했던 부모와 만나기도 합니다. 그들이 아이와 잘 지내지 못하는 걸 보면 내 마음은 체념과 슬픔으로 가득 차곤 합니다. 하지만 그건 누구의 탓도 아니죠.

부모는 아이를 선택하지 못하고, 아이 또한 부모를 선택하지 못합니다. 내가 그렇게 자란 것은 하나의 사실일 뿐, 그 이상도 이하도 아닙니다. 내가 이

269

책을 쓴 이유는 그저, 그런 사실을 알아주기를 바라기 때문입니다.

예전에 만 년 동안 살았던 아이였던 나는 자신의 성장 내력을 감추려고 필사적으로 애썼습니다. 그게 드러나면 살지 못하리라 생각했으니까요. 그래서 괴로웠습니다. 어른이 된 지금, 그 사실을 알리겠다고 생각한 이유는 예전의 과오를 바로잡고 싶어서인지도 모르겠습니다.

도와달라고 말하지 않으면 도움의 손길은 다가오지 않습니다.

나는 도와달라고 요청하지 않고 그냥 싸워 버렸습니다. 변변한 무기도 없이 고군분투했죠. 어쩔 수 없는 일이었습니다.

이제야 여덟 살의 내게 말을 겁니다.

고마워, 용케 버텨 냈구나. 애썼어. 네가 '만 년 동안 살았던 아이'이길 선택함으로써 나는 지금 그럭저럭 살아가고 있어. 후회는 없어. 정말로 고마워. 내가 그때의 너와 만날 수 있다면, 무엇보다 먼저 꼭 안아 주고 싶어. 그렇게 고독하고 불안하고 부끄럽고 괴로워하는 너를.

　'돌봄'이라는 단어를 듣고 가장 먼저 머릿속에서 떠오르는 구체적인 주제라면 '양육'이나 '나이듦'과 같이, 생애 주기에 따른 신체적 건강이나 안전 등의 문제일 것이다. 여기서 돌봄을 바라보는 관점을 조금 달리해 넓혀 본다면, 일상적 돌봄을 수행하는(혹은 그렇게 책임 지워진) 사회의 가장 작은 단위인 '가족'에서 출발해 그러한 가족들이 지탱하는 지역 공동체, 더 나아가 '국가'의 문제에까지 이른다. 그리고 그 안에서 노동, 빈곤, 젠더 등 실제적이고도 첨예한 주제들이 교차하며 소외와 차별 같은 인권의 문제를 환기시키기도 한다. '돌봄의 주체와 대상은 누구이며, 어떻게 수행되고 있는가'라는 질문 속에 복잡한 문화·정치·경제적 논의들이 실타래처럼 엉켜 있다. 지금 돌봄에 관하여 국내외에서 발간되고 있는 수많은 연구와 저작들은 이러한 실타래를 조금씩 풀어 가려는 노력인 셈이다.

　돌봄과 관련하여 최근 한국 사회에서도 주목하기 시작한 이슈가 바로 '영 케어러'이다. 영국과 일본 등에서는 비교적 일찍 '영 케어러'에 대해 조사·연구하고 지원하려는 노력을 기울여 왔다. 국내에서는 2021년 22세 청년이 뇌출혈로 쓰러진 아버지를 홀로 돌보다 극심한 생활고 속에서 방치해 숨지게 한 사건이 보도된 이후로 이제 조금씩 사회의 관심이 생겨나는 중이다.

　국내 언론 보도나 정책 보도 등에서 '영 케어러'라는 단어를 '가족 돌봄 청년'이라는 우리말로 대체하여 쓰는 경우가 많은데, 이를 근거로 보자면 아직은 청년만을 대상으로 정책적 지원을 고민하는 단계 정도에 와 있는 듯하다. 물론, 이전의 어느 세대보다도 미래에 대한 불안에 시달리는 현재의 청년들이 가족까지 돌봐야 하는 상황이라면, 그런 어려움에는 분명히 사회적 관심과 지원이 필요하다. 그러나 문제는 이러한 가족 돌봄이 반드시 성인이 된 이후에 짊어지게 되는 일이 아니라는 데에 있다. 번역 작업을 준비하며 여러 자료를 찾아보니, 실제로 해외에서는 '영 케어러'라는 개념을 아동부터 청년에 이르기까지 매우 폭넓게 바라보고 있었다.

성인의 가족 돌봄과 아동의 가족 돌봄은 여러 측면에서 다르다. 일본에서 실시된 조사(『영 케어러: 돌봄을 짊어진 아동·청년의 현실』, 시부야 도모코, 황소걸음, 2021)에 따르면 아동의 돌봄에서 가장 큰 비중을 차지하는 부분은 어른을 대신한 집안일, 형제 돌보기, 돌봄 대상자의 일상생활 수발(식사·이동 보조 등), 감정 지원(정신 상태를 지켜보며 대응하기, 기분이 가라앉았을 때 격려하기 등)의 순서로 나타났다. 돌봄의 영역은 모호해서 때로는 가사노동이나 감정 노동의 영역과도 겹친다. 직접적인 신체 돌봄은 당연하고 때로는 의료 관련 수발까지도 감당하는 성인들에 비하면 아동이나 청소년들의 역할이 선명하게 드러나지는 않지만, 일상 속의 공기처럼 없어서는 안 될 부분을 수행한다고도 할 수 있겠다. 어쩌면 이때까지 아동의 가족 돌봄은 그저 '집안일을 잘 돕는 착하고 어른스러운 아이'라는 시선에만 머물러 있지 않았을까. 사실은 이들의 노력과 사회적 의미를 제대로 표현해 줄 이름이 없었던 게 아닐까.

『만 년 동안 살았던 아이』는 불과 여덟 살 때부터 정신장애가 있는 어머니를 돌봐야 했던 한 여성의 이야기이다. 조현병이 발병해 망상과 정신과 약물의 부작용에 시달리는 엄마를 늘 걱정하고 신경 쓰며, 때로는 보호자의 역할까지도 맡아야 했던 어린 소녀. 어른도 감당하기 힘들 정도의 불안 속에서 이렇다 할 도움도 받지 못한 채 주변의 차가운 시선까지 견뎌야 했던 저자는 자신을 '만 년 동안 살았던 아이'로 굳게 믿기에 이른다. 저자의 표현을 빌리자면 스스로를 '황금의 몸과 만 년의 마음'을 지닌 신과 같은 존재라고 믿지 않고서는 살아 내기 어려웠기 때문이다.

정신장애인 어머니와 함께하는 삶 속에서 외로움과 불안감은 학교생활이나 교우 관계 같은 일상을 자꾸만 침범하고, 일상에서 마주치는 타인들의 차별적 시선에 몸과 마음은 자주 움츠러들었을 것이다. 그 마음을 헤아리며 이 책을 읽다 보면, 이렇게 돌봄을 수행하는 소녀가 사실은 누군가에게 돌봄을 받아야 하는 나이였음을 깨닫게 된다. 그러나 꼭 필요한 시기에 돌봄을 제대로 받지는 못한 저자는, 어머니를 보호해야 한다는 절박한 불안과 통제 욕구에 잠식당하고 타인의 시선 앞에서 신경과민 증상에 시달려야 했다. 저자가 "인생 전체가 '만 년 동안 살았던 아이'의 후유증"이라고 표현할 만큼 상처는 오랫동안 깊이 남았다.

'돌봄'이 가족, 그리고 더 큰 지역 공동체를 지탱하는 데 반드시 필요한 부분이라면, 제대로 돌봄을 받지 못하는 상황에 놓인 아이들에 대한 관심은 사회가 받아 안아야 하는 몫이다. 어쩌면 그저 집안에 어른이 있다는 이유, 혹은 사회안전망이 필요할 정도의 빈곤이나 폭력을 겪지 않는다는 이유 때문에 관심의 대상조차 되지 못했던 긴 아닐까. 돌봄에 대한 사회적 책임에 대한 논의가 진행되는 가운데, 과연 가족 속의 아동에 대한 사회적 책임은 어떻게 논의되고 있을까.

1989년 유엔총회에서는 아동이 권리를 지닌 주체임을 처음으로 인정하며 유엔아동권리협약을 채택했다. 현재 세계 곳곳의 나라에서 아동이 누려야 할 권리의 근간으로 삼는 이 협약에는 '아동은 생존과 발달을 위해 다양한 보호와 지원을 받아야 한다'라고 명시되어 있다. 협약 속의 아동은 '보호의 대상'이지만, 그에만 머무르지 않는 '독립적인 인격체'이자 사회의 한 구성원이다. 그러나 엄연한 구성원임에도 사회를 향해 자신의 권리를 스스로 주장하고 쟁취하기란, 삶의 경험을 쌓은 성인에게도 쉽지 않은 일이며 아동이나 청소년에게는 말할 것도 없다.

저자와 같이 어린 시절부터 돌봄 역할을 수행해온 '만 년 동안 살았던 아이'들은 이미 사회 구성원으로서 역할을, 아니 그 이상의 책임감을 혼자서 짊어지고 후유증까지 감당해 왔다. 누군가를 돌보고 있지만 정작 자신은 돌봄에서 소외되어 고립된 채로 삶을 이어 나가는 이들이 지금 이 순간에도 존재할 것이다. 이제 이들의 어려움을 사회가 어떻게 인식해서 구체적인 도움으로 만들어 나갈지 고민을 시작할 때이다.

십대인 아동 및 청소년과 이십대에 들어선 청년만 비교해도 각각 겪는 어려움이 다르다고 한다. 십대가 가족을 돌보느라 지속하지 못한 학업 등 교육 기회의 문제를 가장 큰 어려움으로 꼽는다면, 사회 진출을 앞둔 이십대는 취업 등 미래 진로의 문제를 가장 크게 고민한다. 이렇듯 성장 과정에서 부딪히는 어려움에 더하여, 생계가 곤란할 정도의 빈곤을 겪는지, 가족 안에 일상적인 폭력이 존재하지는 않는지, 돌봐야 할 가족에게 어떤 장애가 있는지, 주변에 정서적인 도움을 얻거나 유대감을 나눌 수 있는 사람이 있는지 등 중첩된 문제들까지 세심하게 들여다본다면, 사회가 함께 고민해야 할 내용은 어쩌면 '가족 돌봄 아동/청소년/청년'의 수만큼 세분화되어야 할지도 모른다.

이 글의 서두에서 언급했던 돌봄을 둘러싸고 복잡하게 교차하는 여러 주제와 논의들은 '만 년 동안 살았던 아이'들의 이야기 속에서도 존재해야 한다. 그 첨예하고 중요한 문제들이 어떻게 작동하고 있는지 들여다보는 데에 이 책이 물꼬를 트는 역할을 한다면 옮긴이로서 더 바랄 것이 없다.

2023년 12월

조지혜

만 년 동안 살았던 아이

조현병 엄마와 함께

2023년 12월 7일 처음 찍음

지은이 나가노 하루
옮긴이 조지혜
펴낸곳 도서출판 낮은산
펴낸이 정광호
편집 강설애
제작 세걸음
출판 등록 2000년 7월 19일 제10-2015호
주소 04048 서울시 마포구 어울마당로5길 16 반석빌딩 3층
전화 02-335-7365(편집), 02-335-7362(영업) | 팩스 02-335-7380
홈페이지 www.littlemt.com | 이메일 littlemt2001ch@gmail.com
인스타그램 @little_mt2001
제판·인쇄·제본 상지사P&B

ISBN 979-11-5525-169-0 03300